泰山学院学术著作出版基金资助出版

U0516287

Research on the Influence of
Industrial Policy on Financial Behavior of
Enterprises

产业政策对
企业财务行为
影响研究

王丽丽◎著

经济管理出版社
ECONOMY & MANAGEMENT PUBLISHING HOUSE

图书在版编目（CIP）数据

产业政策对企业财务行为影响研究/王丽丽著 . —北京：经济管理出版社，2022. 3
ISBN 978-7-5096-8350-7

Ⅰ.①产…　Ⅱ.①王…　Ⅲ.①产业政策—影响—企业管理—财务管理—研究　Ⅳ.①F275

中国版本图书馆 CIP 数据核字（2022）第 045145 号

组稿编辑：何　蒂
责任编辑：杜　菲
责任印制：黄章平
责任校对：董杉珊

出版发行：经济管理出版社
　　　　　（北京市海淀区北蜂窝 8 号中雅大厦 A 座 11 层　100038）
网　　址：www. E-mp. com. cn
电　　话：（010）51915602
印　　刷：唐山玺诚印务有限公司
经　　销：新华书店
开　　本：720mm×1000mm/16
印　　张：11. 25
字　　数：153 千字
版　　次：2022 年 3 月第 1 版　　2022 年 3 月第 1 次印刷
书　　号：ISBN 978-7-5096-8350-7
定　　价：88. 00 元

目　录

第一章 产业政策概念及其相关理论

一、产业政策基本概念

产业政策是一国政府调控产业经济发展的重要宏观策略与方法。其发展思想最早可以追溯到 16 世纪英国的贸易与产业保护，美国、德国以及日本等国家相继实践以扶持和引导国家重点产业及幼稚产业的发展与进步。现今，产业政策已经被各国广泛运用以调控产业经济发展，而学术界在产业政策内涵界定及分类归属上并非完全一致，关于产业政策概念的论述主要存在以下三种观点：一是界定产业政策为任何与产业相关的国家法令和政府政策，更进一步地，产业政策是对产业发展产生重大影响的一系列制度和安排的综合（周振华，1991）；二是相关学者认为产业政策是为解决市场失灵、激励或者引导某种经营活动、优化资源配置而采取的政策；三是产业政策是为实现本国赶超先进工业国家而实施的一系列政策集合，其内涵源自工业化理论中有关经济赶超战略的政策主张。总体来说，虽然三种观点各有侧重，但是对产业政策概念的理解存在一个共同点，那就是其作用对象均是产业。因此，本书总结以上三种观点并定义，产业政策是政府制定的用于影响和干预产业经济活动的一系列政策，进而实现一个国家或某个地区的经济或非经济目标。

产业政策可以划分为不同类别。例如，按照政策作用主体不同，产业政策可以划分为选择性产业政策和功能性产业政策；按照政策工具不同，产业政策可以划分为财政政策和货币政策；按照功能不同，产业政策可以划分为供给型产业政策、需求型产业政策和环境型产业政策。

在有关产业政策的实证研究中，我们都需要采取一定的方法对产业政策进行量化。产业政策的量化方法主要有三种：一是文本分析法，主要通过技术手段从大量文本中识别出产业政策，进而整理成相关文字表述、统计词频或者文献表达；二是政策工具法，一般经常识别政府补贴、税收优惠及低息贷款三种工具为产业政策的代理变量；三是政策偏度法，主要使用要素投入倾斜度分析产业政策对特定行业的偏向。本书采用第一种方法测度产业政策，并基于微观角度分析产业政策对企业财务行为的影响。

二、产业政策理论

产业政策对微观行为主体的经济后果一直备受经济学和管理学相关学者的广泛关注，对类似问题的研究主要涉及市场失灵理论以及产业组织理论等。

（一）市场失灵理论

国家对经济进行宏观调控最重要的理论依据便是市场失灵理论。该理论认为：在现实的市场经济中，由于垄断、信息不完全、外部性、公共品等因素的存在，仅仅依靠市场的力量很难实现资源的最优配置，也就是说，现实市场会出现市场失灵。因此，市场失灵的存在使政府有必要通过制定和实施产业政策来对经济进行干预，这便是产业政策存在的理论依据。

外部性是市场失灵的重要表现。外部性指市场中两个或多个个体在没有交易的前提下，某个个体的经济活动会对其他个体产生影响。市场性、决策的伴生性、关联性和强制性是外部性的四个具体特征。外部性可具体分为外部经济和外部不经济，但无论是哪一种外部性，均会降低市场中的资源配置效率。因此，为了提高资源配置效率，实现资源的优化配置，政府需要对经济进行有效的干预。产业政策的运用，可以使政府在经济发展中履行更多的职责、弥补市场运行缺陷。

产业政策的制定和实施能够有效弥补市场缺陷，具体表现在：第一，政府可以通过产业政策对垄断性行业进行规制，进而限制垄断企业的发展规模，这有利于市场机制的进一步完善，对充分发挥市场竞争意义重大；第二，产业政策可以宏观调控资源流动，政府通关产业政策可以向社会公众提供更多公共品，整体提高社会福利水平；第三，产业布局政策有利于解决企业外部不经济，如对环境污染企业进行整体布局并集中解决外部不经济；第四，产业政策中的布局功能也有利于缓解区域发展不平衡，维护社会稳定，如政府会通过产业政策优先向西部地区配置战略资源以促进其经济发展。

（二）产业组织理论

产业组织理论是解释微观市场的主流理论。以价格理论为基础，通过考察产业内部企业之间竞争与垄断及规模经济的关系和矛盾，分析特定产业的组织状况对产业内资源配置效率的影响。20 世纪 30 年代末，美国哈佛大学学者梅森在其《大企业的生产价格政策》一书中首次提出产业组织的理论体系及其研究方向。1940 年，克拉克发表了《论有效竞争的概念》，在文中明确提出，竞争格局的建立是产业发展的关键，市场中任何产业的可持续健康发展都离不开有效的竞争格局。产业中竞争和规模经济关系的协调情况可作为格局建立是否有效的判断标准。克拉克指出，仅靠市场的力量很难协调好竞争和规模经济之间的关系，因此，要借助政府的干预措施。1959 年，贝恩在《产业组织》一书中第一次系统地阐释了 SCP 范式，这标志着哈佛学派产业组织理论的成熟。SCP 范式，即产业的市场结构、市场行为以及市场绩效的分析方式。产业组织理论的 SCP 范式以行业为研究对象，提出市场结构、行为以及绩效三者之间存在着因果关系。具体而言，市场结构对企业行为产生重大影响，而企业行为又决定了市场的运行绩效。为了提高市场绩效，使经济运行结果达到预期，政府就有必要通过公共政策来调整和改善不合理的市场结构。

市场结构、市场行为以及市场绩效是现代产业组织理论研究的三个基本范畴，其中最核心的问题是如何在保护市场竞争活力的同时充分利用规模经济。产业组织理论指出，为了获得理想的市场绩效，政府必须制定并实施产业组织政策，也就是说，政府要通过一系列的措施来干预市场行为和市场结构，以此来实现竞争和规模经济的有效协调，最终实现市场绩效的改善。因此，产业组织理论是政府制定并实施产业政策的又一理论基础。

三、产业政策工具

产业政策工具主要是指国家为实现具体发展目标而采取的某种措施。国家一般在确定了产业政策目标后，通过具体的政策工具干预和实施来实现国家产业合理分工协作。具体的产业政策工具主要包括法律手段、行政手段和经济手段。

经济手段是最重要的产业政策工具，也是各国政府宏观调控的最常用手段。具体包括财政政策和货币政策。财政政策主要是国家运用财政支出、税收和借债水平做出决策，进而达到减少失业、防止通货膨胀、保持社会稳定、减少经济波动、保持经济稳定增长的目的。通常伴有收入分配政策、金融政策等经济政策的协调配合，因而财政政策的执行并不是单独的。货币政策包括信贷政策、利率政策和外汇政策，主要通过调节货币供应量来实现一国的经济目标。

法律手段是一国为实现国家产业间或者产业内部关系比例协调，以及优化产业发展环境而通过司法权力的执行保证国家产业政策得以贯彻落实的具体手段。日本政府在20世纪50年代初制定的《外资法》中规定，同国外的资本交易，原则上由主管大臣认可。这一法律规定将国家的技术引进控制在政府手中，在日本当时外汇紧缺的条件下，能够优先引进先进技术，并且避免了重复引进。法律手段是区域产业组织政策最常用的手段，韩国为扶持个别产业的发展，相继制定了一系列法律法规，并在特定历史时期发挥了巨大作用，为我国如何运用法律手段推动区域产业发展方面提供了许多先进经验。

行政手段并不是政府利用其特有的行政权力对企业进行具体命令，而是对某些特定产业活动进行强制性干预。例如，日本政府20世纪五六十年代行政管理的主要内容有：①在各种合理化计划调整萧条行业的文件中，都包含一些比较详细的行政性规定。例如，在《机械工业振兴临时措施法》中就包含限制产品各品种的生产数量，限制相关零件和原材料的采购方法，对标准化、专业化和技术选择进行相关规定；在造船行业，通过行使批准权，限制新加入者，从而有利于造船业迅速形成规模。②为保护某些产业对进口制定限制。然而，随着经济全球化和市场进程的不断深入，现实中对于行政手段的使用呈现出逐渐减少的态势。但不可否认的是，在某些特殊时期，行政手段发挥了重要作用，是一种不可替代的政策工具。

对于具备经济手段和法律手段的国家，政府在实现产业政策目标的过程中就可以更多地选择经济手段和法律手段相结合的方式，并且依靠市场自发调节的力量来主导产业的发展。

第二章　产业政策的执行及其经济后果

一、有关产业政策效果的探讨

实施产业政策是政府调整资源配置、整合利益分配、克服市场失灵的干预手段，是政府调控宏观经济的重要抓手，长期以来被各大经济体实践及运用。理论上，在经济发展的动态过程中，各国都要经历产业结构的转型升级，为了更好地协调企业创新成本与预期收益的关系，政府往往会集中有效资源利用产业政策来弥补协调外部性与信息外部性的市场缺陷，克服市场失灵带来的效率损失，实现资源配置的帕累托最优。世界各地在不同的发展阶段均广泛使用过产业政策，如16~17世纪的英国、19世纪中期的美国、法国和德国，它们都是在成功赶超的过程中使用了产业政策，进而推动产业发展及经济增长。20世纪80年代李斯特就在《政治经济学的国民体系》一书中阐述了"国家干预"的思想，他认为工业发展滞后的国家，政府应对幼稚工业进行保护，待其实力提升后再对外开放。市场中的信息不对称和信息不充分是难以避免的，也是造成市场失灵的四大原因之一，因此政府通过实施干预措施可以弥补和矫正市场失灵（Stiglitz et al，2009）。Amiti 和 Konings（2005）以印度尼西亚制造业为研究样本，实证结果显示降低进口关税能提高生产率，随后相关学者证实了这一点（Nataraj，2011；Topalova & Khandelwal，2014）。规模经济是取得后发优势的途径之一，政府采取扶持性或保护性措施，促使某一行业在市场中形成寡头地位，降低企业的生产成本，促进产业转型升级。幼稚产业保护理论认为，针对产业关联度和发展潜力大的战略性新兴产业，在发展初期政府宜采取过渡性保护和扶持政策，政府补贴政策是纠正协调外部性的有力手段，尤其是对战略性新兴产业，虽然有时政策方式和效果还有待改善。对于应如何实施产业政策，新结构经济学提出，一国必须制定遵循本国比较优势的产业发展战略，进而达到经济增长的目标。在产业发展初期，政府应当对创新型企业给予扶持、补贴，当产业发展到一定时期，产业政策的激励对象应转向模仿型企业，只有这样，才能提高产业的动态适应效率。

自 1978 年开始的改革开放的实质是中央政府权力不断放开的过程。经过40 多年的发展，市场机制在中国逐步确立，社会生活中的各项管制逐渐放开，多元制度逻辑共存的制度环境正在形成。然而在这一过程中，资源分配的主体地位始终牢牢掌握在中央政府手中（陈东华等，2010）。宏观调控政策是中央政府对经济发展进行干预和对稀缺资源进行分配的重要手段。产业政策是一种具有较强弹性的政府干预手段，在经济运行中十分常见，中央政府利用产业政策引导产业的投资方向，实现经济结构性调整和加快产业结构升级等目标（黎文靖和李耀淘，2014）。产业政策在特定经济发展阶段中具有弥补市场机制缺陷、促进产业结构调整升级进而提高经济发展水平的作用（Amsden，1989；Wade，1990）。现有研究主要基于产业政策对经济增长的影响、产业政策对产业生产率提升的影响、产业政策对产业技术进步的影响和产业政策对资源配置效率的影响等角度展开。

Lucchese 和 Nascia（2016）研究表明，在经历第二次世界大战后，意大利的经济增长在很大程度上归功于各项产业政策，产业政策的推出重新分配了稀缺资源，使制造业能够迅速发展，并且它有助于提升经济效率、减少不公平，因而是有效的。宋凌云和王贤彬（2013）在测算各省份制造业两位码产业全要素生产率的基础上，利用省级层面"五年规划"中有关重点扶持产业的数据，考察产业政策对行业生产效率的影响，其研究结果表明，地方政府的重点产业政策对提升地方产业生产率具有重要作用。邱兆林（2015）发现，我国产业政策对产业技术进步有显著的正向促进作用。连立帅等（2015）考察了政府的产业政策与信贷资源配置的关系，从信贷资源配置的角度证明产业政策总体上能够引导信贷资源进行有效配置。

二、产业政策对微观经济行为的影响

上述文献多基于宏观角度对产业政策进行研究，还有部分文献是基于微观视角就产业政策对企业行为的影响展开的研究，主要从产业政策在微观层面的资源配置引导与资源利用效果维度展开。

在产业政策的资源配置引导层面，陈冬华等（2010）从上市公司股权融资（IPO）和股权再融资（SEO）角度分析了宏观产业政策对微观企业的影响，发现产业政策支持的行业获得的股权融资额以及股权再融资机会均高于不受产业政策支持的行业。连立帅等（2015）考察了产业政策与信贷资源配置的关系发现，受支持的高成长性企业获得了更多的信贷融资，且主要体现为长期信贷融资；考虑所有制后的结果表明，只有受支持的高成长性国有企业获得了更多的信贷融资。进一步研究发现，产业政策创新激励下企业获得的信贷配给主要流向高研发投入企业。赵卿（2016）对产业政策与企业债务期限机构之间的关系进行探讨，其结果同样表明，受产业政策支持的企业获得了长期贷款。

产业政策的资源利用效果主要从企业投资行为、企业创新行为及企业业绩表现等层面展开。有关产业政策对企业投资行为的影响，Chen 等（2013）、黎文靖和李耀淘（2014）的研究结果表明，产业政策推动了企业投资，并且在一定程度上造成了企业过度投资。黄海杰等（2016）探讨了"四万亿"经济政策对企业投资活动的影响，发现该项政策导致企业投资效率降低，并且这种降低具有企业层面异质性，在获得更多政府补贴和信贷配给的企业中更加显著。有关产业政策对企业创新行为的影响方面，黎文靖和郑曼妮（2016）发现，产业政策有助于企业专利申请，但是多体现在非发明专利方面，具有策略性特征。孟庆玺等（2016）通过双重差分模型进行的研究表明，产业政策通过税收优惠、财政补助等途径提升了企业创新投入。赵卿（2016）还进一步探讨了产业政策对企业业绩的影响及渠道，受到鼓励行业的企业，其投资机会和融资能力会得到显著提升，经营业绩也会同步提升。

第三章　产业政策与企业融资行为：
股权融资成本

一、引言

　　政府通过产业政策、货币政策、财政政策等配置经济资源和调控经济发展，目前经济发展进入新常态，使宏观调控的难度逐渐增加。政府干预中弹性较大的产业政策在我国广泛应用，其内容逐渐细化，从 20 世纪 80 年代开始推行的五年规划，到应对金融危机而推出的十大行业振兴规划，再到各项细则指导规划，目的在于指引我国经济迅速发展，实现了我国经济在 2008 年金融危机的冲击下依然高速增长。但是随着政策的推行，我国出现了某些行业产能过剩的消极影响，新常态下我国发展目标由高速增长转向高质量增长，通过"三去一补一降"实现资源优化配置，分析产业政策的资源配置状况对考察我国经济转型是否成功、金融体制改革效果有着重要意义。

　　在给定的经济环境中微观企业容易被政策所引导，因此产业政策的效果和实施功效会体现在微观企业的行为中，考察政策效果可以通过微观企业行为来进行验证。企业融资是一个很好的视角，当国家对产业政策进行调整时，政策环境会改变企业的投融资环境，影响企业的未来预期，投融资的变化会导致后续的公司产出，间接影响了经济产出，这些变化使政府做出评估并重新调整产业政策，实现了政策和企业的互动。作为政府干预弹性较大的产业政策已然广泛作用于我国实体经济。国家通过制定产业政策来直接或间接引导市场发展，政策的调控会对融资状况产生影响，进而影响企业的融资成本。

股权融资是上市企业进行外部融资的重要渠道，股权融资成本的高低不仅影响企业资金的获取，也在一定程度上反映着证券市场的配置效率。上市公司作为我国构建多层次资本市场的重要组成部分，从设立之初就表现出旺盛的生命力和强大的资金需求，因此研究其降低股权融资成本的路径显得很有必要。上市公司的融资约束程度和信息透明度从企业内部的融资效率和对外投资者的信息传递两方面影响着股权融资成本。融资约束是现代公司财务研究的重点。"融资难、融资贵"问题一直是大多数企业面临的困境，产业政策可以通过市场管制、项目审核、税收优惠和政府补贴手段给予支持的企业资源倾斜，通过金融政策和信息改善其外部融资环境，使企业改变其预期资本结构。如果企业管理层可以尽早抓住政策导向带来的优势和不足，合理调整资本结构，灵活决策，便可以化解企业面临的不确定风险；信息透明度作为企业对外发布信息优劣的评价指标，是衡量企业与投资者之间信息不对称的直接指标。本章将融资约束与信息透明度纳入同一框架下进行讨论，以期丰富相关研究成果。本章旨在已有的理论和研究的基础上，基于微观财务视角分析产业政策对股权融资成本的影响。产业政策扶持是否会影响我国上市公司的融资约束及信息透明度，进而是否作用于我国上市公司的股权融资成本，基于这一系列问题，本章将做深入探讨。

本章基于产业政策影响下不同企业产权性质、企业规模及所处行业成长性探讨产业政策对股权融资成本的影响，并进一步从融资约束和代理问题探讨其作用机制及产业政策微观经济后果，本章将构建 DID 模型，以"十三五"规划的产业扶持政策为基础研究分析产业政策对上市公司的股权融资成本影响。

二、理论分析

（一）产业政策、融资约束与股权融资成本

融资约束问题是现代财务研究中的重要议题之一，世界银行报告显示，75%的中国非金融类上市企业将融资约束列为企业发展的主要障碍，不超过20%的中小企业得到了金融支持，且部分小微企业的综合融资成本超过20%，融资难、融资贵问题长期以来一直是中小企业面临的难题。理论界关于产业政策对融资约束的影响存在两种不同的观点：一种观点认为，受产业政策扶持的企业具有信贷资源优势，向企业外部的利益相关者传递一个有利的信号（车嘉丽和薛瑞，2017；陈璐等，2019），减轻了企业在外部筹集资金时所面临的摩擦程度，从而比其他行业获得更多的资金支持，对企业的融资约束具有显著的缓解作用。另一种观点则认为，企业在产业政策扶持下扩大投资，增加了资金需求量，企业投资是一个长期的过程，而扶持政策带来的融资优势逐渐减弱，最终加剧企业面临的融资约束（张新民等，2017）；一定时期内我国的信贷资源总量是既定的，对受产业政策支持的行业会有一定的信贷资源倾斜或放松对其的金融管制，而不受产业政策支持的企业就会得到较少的甚至得不到信贷支持，与政府保持良好关系的国有企业优先获得更多的信贷资源，从而加重了内部管理能力较强的民营企业的融资约束（祝继高等，2015）。

从实施手段来看，产业政策可分为直接干预性手段和间接诱导手段（陈冬华等，2010），间接诱导效应是指产业政策可以帮助受激励的企业获得各种优惠政策，具体表现形式为税收缴纳、贷款利率以及财政补贴等，产业政策对融资约束的影响主要通过政府补助、税收优惠等机制发挥作用。受产业政策扶持的上市公司会获取更多的金融资源，改善企业的融资状况。首先，产业政策往往以各种政府支持形式直接作用于微观企业，受扶持企业可以直接获得政府的各项补助、税收优惠和成本较低的政策性贷款，缓解融资约束。其次，商业银行的信贷政策会随时根据产业政策进行相应调整，随着政府行政干预的增加以及信贷市场上信息不对称的降低，受扶持企业会得到更多以及更加优惠的商业贷款融资（何熙琼等，2016），祝继高等（2015）也研究发现，相比于非产业政策扶持行业的企业，受扶持的企业更容易获得商业银行信贷支持。最后，产业政策的实施有利于提高受扶持行业企业的声誉，资本市场对受扶持企业的预期会随之改善，市场的投资热情也会得到进一步激发，使受产业政策扶持的企业更容易在资本市场上融通资金。Chen 等（2017）研究产业政策对企业股权融资的影响发现，受产业政策扶持的企业 IPO 和股权再融资比例更高，受产业政策扶持的企业比非扶持企业更容易从资本市场上获得资金支持。由于投资者不能准确对企业风险进行定价，较高的风险回报要求会导致股权融资成本的上升，同时企业经营活动存在的不确定性使外部投资者难以有效监督管理层，相对于低融资约束企业，高融资约束企业信息不对称程度更高，发生道德风险的可能性较大，产业政策扶持可以通过缓解企业融资约束降低企业投资风险，增强企业投资意愿，继而减少投资者对风险回报的要求，降低企业的股权融资成本。因此，产业政策扶持有可能会缓解企业所面临的融资约束，从而降低企业融资成本。

（二）产业政策、信息透明度与股权融资成本

产业政策是政府根据本国经济发展的客观要求和一定时期内本国产业发展

的现状与趋势，综合运用经济手段、法律手段以及必要的行政手段对特定产业进行结构调整，以促进产业发展及提高产业国际竞争力的政策体系。无论是旨在缓解投资过热行业无序发展的限制性产业政策还是促进投资不足行业发展的鼓励性产业政策，对资本市场来说都是一种特殊的公开信息。由于产业政策的发布与执行主体是中央政府，且政策条目建立在广泛收集信息、反复推敲论证基础上，其对行业与公司的影响具有全局性与宏观性，是一种视角更宽阔、质量更可靠的公开信息，其对行业未来发展的影响是可以预计的，考察企业信息透明度时应当充分考虑产业政策这一重要影响因素。

当产业政策等宏观经济政策颁布时，一方面，目标公司受自身经营业绩的变化影响，倾向于主动向市场公布信息；另一方面，受到政策支持的公司会吸引媒体的关注、报道更多关于其财务或非财务的信息。当目标公司在市场上可得公共信息增加，专业风险套利人可以更多地通过公共渠道获取相关信息，降低相关信息需求者（如专业分析师）的信息成本。根据分析师供给需求曲线，产业政策出台成本下降使供给曲线右移，分析师均衡数量增加，从而提升分析师财务预测精确度、降低分歧度，随着分析师信息收集成本的降低，预测精度的提高，企业信息透明度会显著上升。因此，产业政策的实施可以有效减少证券市场的噪声交易，降低股票同步性，提高资本市场信息效率（潘亮，2015）。

信息披露在股权协议签订之前的谈判过程起到了重要作用。外部股东会基于企业提供的财务信息而确定股权协议中的一些条款。财务和经营决策方面透明度的提高可以使外部投资者对上市公司的经营和发展能力进行准确的评估，产业政策扶持使外部投资者更有信心与企业进行持续性交易，减轻股权缔约双方潜在的冲突，外部投资者会向公司索要较少的风险溢价（晏艳阳和周志，2014）；当企业信息透明度越高，资金供求双方之间的信息不对称减弱，企业投资风险和业绩波动降低，企业代理人及大股东对资金占用的可能性减少，外部投资者要求企业为信息风险付出的溢价越低（吴文锋等，2007；连军，2012；袁放建等，2013）。外部投资者能通过信息披露有效监管上市公司的控股股东行为，使上市公司管理层及控股股东意识到为了过度追求个人私利而损害企业利益的方式行不通，通过高质量的信息披露更能达到企业与股东经济利益的平衡。因此，产业政策扶持能够有效提升企业信息透明度，降低企业股权融资成本。

综合以上产业政策对企业融资约束、信息透明度进而对企业股权融资成本的影响，本章提出如下假设：

H3-1：产业政策能够降低企业股权融资成本。

三、研究设计与变量定义

（一）样本选择与数据来源

本章研究的样本区间为 2004~2019 年，考虑到"十三五"规划影响的 DID 样本为 2012~2019 年，对样本进行如下处理：①剔除金融保险类公司样本；②剔除被 ST 类公司的参股样本；③剔除有关财务或治理数据缺失的样本；④为消除极端数据对结果的影响，对所有连续变量进行了 1% 和 99% 水平上的缩尾处理。最终，共获得 19586 个年度—公司数据。上市公司财务与公司治理数据来源于 CSMAR 数据库。本书使用 STATA16.0 进行统计分析。

（二）计量模型构建

本章的被解释变量为股权融资成本（Coc），借鉴 Easton（2004）的 PEG

模型进行计算。产业政策与股权融资成本的关系采用控制年份和行业的 OLS 回归。本书构建如下模型以检验产业政策对股权融资成本的影响。

$$Coc = \alpha_0 + \alpha_1 IP + \alpha_2 Size + \alpha_3 Lev + \alpha_4 Grow + \alpha_5 Roa + \alpha_6 Divratio + \alpha_7 Board + \alpha_8 Bm +$$
$$\alpha_9 Dol + Year + Ind + \varepsilon \tag{3-1}$$

（三）变量定义

1. 股权融资成本（Coc）

股权融资成本的估计有事后资本成本（CAPM）、事前资本成本（GLS）、PEG 模型三种方法。事后资本成本（CAPM）估计的标准误差较高，事前资本成本（GLS）模型在中国资本市场估计权益资本成本可靠性不如 Easton（2004）的 PEG 模型，并且在 PEG 模型中分析师预测的每股收益数据较容易，故使用 PEG 模型来计算权益资本成本，计算如下：

$$Coc = \sqrt{\frac{(EPS_{t+2} - EPS_{t+1})}{P_t}} \tag{3-2}$$

其中，EPS_{t+2} 和 EPS_{t+1} 分别为 $t+2$ 和 $t+1$ 期分析师预测的每股收益均值，P_t 为第 t 期期末的每股价格。

2. 产业政策（IP）

参考祝继高等（2015）、杨兴全等（2018）的方法，采用"五年规划"中行业的发展规划来界定是否受产业政策扶持，将"规划"中国家明确鼓励和重点支持的行业认定为产业政策扶持行业，并设置虚拟变量 IP，根据证监会 2001 年行业分类进行匹配，行业分类的三级代码符合前述产业政策扶持条件的，行业内企业受产业政策扶持，IP = 1，否则为产业政策非扶持行业企业，IP = 0。

3. 控制变量

参考巫岑等（2019）的研究，选取公司规模（Size）、负债比率（Lev）、企业成长性（Grow）、总资产利润率（Roa）、股利分配率（Divratio）、董事会规模（Board）、账面市值比（Bm）、财务杠杆（Dol）、作为控制变量，同时考虑行业和年度的影响。具体变量定义如表3-1所示。

表3-1　变量定义及说明：产业政策与股权融资

变量类型	变量符号	变量名称	变量定义
被解释变量	Coc	股权融资成本	使用 PEG 模型来计算权益资本成本
解释变量	IP	是否受产业政策扶持	受产业政策扶持时取1，不受产业政策扶持时取0
控制变量	Size	资产规模	年末资产总额的对数
	Lev	财务杠杆	负债总额/年末资产总额
	Grow	公司成长性	主营业务收入增长率
	Roa	总资产报酬率	净利润/总资产
	Divratio	股利分配率	每股股利/每股净利润
	Board	董事会规模	董事会人数的自然对数
	Bm	账面市值比	账面价值/市场价值
	Dol	财务杠杆	普通股每股收益变动率/息税前利润变动率
	Ind	行业虚拟变量	控制不同行业的影响
	Year	年份虚拟变量	控制不同年份经济因素的影响

四、实证结果与分析

（一）描述性统计

对样本变量进行描述性统计，有助于从整体上初步认识和分析各变量的相关关系。表3-2列示了主要变量的描述性统计结果。企业股权融资成本

（Coc）的均值为 0.107，最大值为 0.245，说明企业整体股权融资成本较高，而不同企业间的股权融资成本差距较大。IP 的均值为 0.516，说明在样本期间，有 51.6% 的公司受到了产业政策的扶持。

表 3-2　基本描述性统计：产业政策与股权融资

变量名称	样本量	均值	标准差	最大值	最小值
Coc	19586	0.107	0.041	0.245	0.002
IP	19586	0.516	0.500	1.000	0.000
Size	19586	22.245	1.334	26.315	19.968
Lev	19586	0.417	0.203	0.847	0.048
Grow	19586	0.053	1.174	6.188	-0.560
Roa	19586	0.058	0.041	0.202	0.001
Divratio	19586	0.230	0.273	1.585	0.000
Board	19586	2.273	0.180	2.773	1.792
Bm	19586	0.624	0.236	3.936	1.128
Dol	19586	1.469	0.541	4.438	1.013

（二）基本检验结果

基于模型（3-1），本章采用控制行业和年份的 OLS 分析，表 3-3 报告了是否受产业政策扶持（IP）对股权融资成本（Coc）的回归结果。其中，列（1）未控制任何控制变量，列（2）采用了控制行业和年份的 OLS 分析，由于股权融资成本（Coc）基于 0~1，列（3）采用了 Tobit 回归。产业政策（IP）与股权融资成本（Coc）的系数分别为 -0.003、-0.002 和 -0.002，并均与股权融资成本（Coc）在 1% 的显著性水平呈负相关关系，即受到产业政策扶持的企业，股权融资成本更低。因此，产业政策扶持能够降低企业股权融资成本，H3-1 得到验证。

表 3-3 产业政策与股权融资

变量	Coc		
	（1）	（2）	（3）
Constant	0.105***	0.076***	0.076***
	(18.95)	(8.35)	(9.02)
IP	−0.003***	−0.002***	−0.002***
	(−4.05)	(−3.43)	(−3.53)
Size		0.000	0.000
		(1.45)	(1.48)
Lev		0.033***	0.033***
		(16.46)	(17.53)
Grow		−0.003***	−0.003***
		(−11.00)	(−11.22)
Roa		0.119***	0.119***
		(12.85)	(13.35)
Divratio		−0.003***	−0.003***
		(−3.16)	(−3.54)
Board		−0.008***	−0.008***
		(−4.48)	(−4.68)
Bm		0.036***	0.036***
		(21.11)	(21.31)
Dol		−0.001	−0.001*
		(−1.57)	(−1.78)
Year/Ind	Yes	Yes	Yes
N	19586	19586	19586
R^2/Pesudo R^2	0.232	0.284	0.096

注：括号中报告的是 t 值，***、**、*分别表示回归系数在 1%、5%、10%的置信水平显著。

以上主要通过平均效应来检验产业政策对企业股权融资成本的影响。为考察"十三五"规划的影响，下面利用"十三五"规划的出台这一"外生政策影响"，选取 2012～2019 年沪深 A 股上市公司的样本数据，构建如下模型（DID 模型）：

$$Coc = \alpha_0 + \alpha_1 Post + \alpha_2 Treat + \alpha_3 Post \times Treat + \sum Control + \varepsilon \qquad (3-3)$$

Post 在 2011 年以前取 0，2011 年及以后取 1。Treat 用来区分实验组和控制组，借鉴孟庆玺等（2016）的做法，如果某一行业不受"十二五"规划影响而受"十三五"规划影响，此时 Treat 取 1，作为实验组；如果某一行业都不受两个"五年规划"影响，此时 Treat 取 0，作为控制组。双重差分使用个体数据而非简单的样本均值变化考虑政策影响，从而判断政策影响是否具有显著的统计意义。双重差分可以避免因变量和自变量的互相影响以及政策作为自变量所带来的内生性，相对于传统研究政策影响的方法更加稳健。但是实验组如果没有受到政策影响，应保持与控制组相似的时间和趋势效应，要求双重差分模型使用时必须满足"平行趋势假定"这一基本前提。本章采用三种方法进行了平行趋势检验，第一种采用了平行趋势回归，图 3-1 考察了"十三五"规划后股权融资成本实验组与控制组的变动趋势，相较于控制组，实验组股权融资成本在 2016～2017 年有明显的下降趋势。第二种采用陈胜蓝和马慧（2017）的方法，选取 2015 年之前的样本，比较实验组和控制组在"十三五"规划之前的股权融资成本差异，表 3-4 的列（1）提供了相关检验结果，在控制其他变量后，Treat 的回归系数没有通过显著性检验，表明在"十三五"规划之前，受产业政策扶持和不受产业政策扶持股权融资成本没有显著差别，因此初步认为实验组和控制组在"十三五"规划之前具有平行趋势。第三种是在错层的准自然实验中，借鉴 Serfling（2016）的做法，将行业是否受"十三五"规划扶持按时段进行区分并设置相应虚拟变量，Treat 2 代表 2012 年行业是否受"十三五"规划扶持的虚拟变量，如果 2012 年行业受"十三五"规划扶持，Treat 2 取 1，否则取 0。其他年份虚拟变量依次类推。表 3-4 的列（2）提供了相应的回归结果，在控制其他变量后，2015 年以前 Treat 虚拟变量的系数不显著，2015 年后的 Treat 虚拟变量系数绝对值更大，而且至少在 10% 的水平上显著，从平均处理效应来看，平均趋势假定得以基本满足。

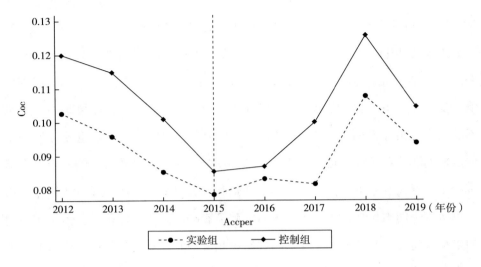

图 3-1 平行趋势回归：产业政策与股权融资

表 3-4 平行趋势检验：产业政策与股权融资

变量	Coc	
	（1）	（2）
Constant	0.034*	0.090***
	（1.74）	（5.96）
Treat	−0.034	
	（−1.01）	
Size	0.003***	0.001**
	（5.24）	（2.43）
Lev	0.027***	0.035***
	（7.44）	（14.88）
Grow	−0.002***	−0.003***
	（−3.05）	（−10.44）
Roa	0.138***	0.137***
	（8.28）	（12.99）
Divratio	0.001	−0.001
	（0.47）	（−1.09）

变量	Coc	
	（1）	（2）
Board	−0.004	−0.008***
	（−1.28）	（−3.83）
Bm	0.029***	0.037***
	（9.45）	（19.28）
Dol	0.003**	0.000
	（2.41）	（0.34）
Treat2		−0.001
		（−0.19）
Treat3		0.000
		（−0.03）
Treat4		0.009
		（1.05）
Treat5		0.013
		（1.60）
Treat6		0.001**
		（2.17）
Treat7		0.003***
		（3.32）
Treat8		0.006*
		（1.69）
Year/Ind	Yes	Yes
N	5880	13293
R^2	0.279	0.282

注：括号中报告的是 t 值，***、**、*分别表示回归系数在1%、5%、10%的置信水平显著。

　　模型（3-3）的回归结果如表 3-5 所示。Post×Treat 前面的系数 α_3 应是我们重点关心的，因为它是把产业政策扶持带给企业股权融资成本影响的混杂因素都剔除掉后的一种净效应，根据表 3-5 的列（1）～（3）中在未控制任何变量只控制了年份和行业、加入了所有控制变量并控制了年份和行业后、采用

Tobit 回归加入了所有控制变量并控制年份和行业的回归结果可以看出，α_3 至少在 5% 显著性水平为负，当企业不受"十二五"规划影响而受"十三五"规划影响时，企业的股权融资成本水平显著更小，这和前文的结果基本一致。

表 3-5　"十三五"规划与股权融资成本：双重差分的回归结果

变量	Coc		
	(1)	(2)	(3)
Constant	0.105***	0.090***	0.090***
	(203.87)	(5.95)	(5.80)
Post	−0.001	−0.017***	−0.017***
	(−1.45)	(−13.07)	(−13.61)
Treat	−0.013***	−0.032**	−0.032**
	(−4.33)	(−2.41)	(−2.29)
Post×treat	−0.002**	−0.004***	−0.004***
	(−2.34)	(−2.91)	(−2.87)
Size		0.001**	0.001**
		(2.44)	(2.45)
Lev		0.035***	0.035***
		(14.91)	(15.68)
Grow		−0.003***	−0.003***
		(−10.44)	(−11.40)
Roa		0.137***	0.137***
		(13.04)	(13.40)
Divratio		−0.001	−0.001
		(−1.07)	(−1.25)
Board		−0.008***	−0.008***
		(−3.82)	(−3.92)
Bm		0.037***	0.037***
		(19.29)	(19.46)
Dol		0.000	0.000
		(0.39)	(0.45)

变量	Coc		
	（1）	（2）	（3）
Year/Ind	Yes	Yes	Yes
N	13293	13293	13293
R^2/Pesudo R^2	0.002	0.282	0.092

注：括号中报告的是 t 值，＊＊＊、＊＊、＊分别表示回归系数在 1%、5%、10%的置信水平显著。

即使我们使用双重差分的方法，检验的依然还是产业政策和股权融资成本的平均效应，为了考虑产业政策对股权融资成本的影响随着时间变动的差异，借鉴孟庆玺等（2016）的文章，考虑了"十三五"规划对企业股权融资成本的时间动态效应，建立模型（3-4），其中 D 为年度虚拟变量，取值 2016～2019 年，α_3 分别是每一个年度"十三五"规划给企业股权融资成本带来的净处理效应。其他变量与模型（3-3）保持一致。

$$Cash = \alpha_0 + \alpha_1 Post + \alpha_2 Treat + \alpha_3 \sum D \times Treat + \sum Control + \varepsilon \qquad （3-4）$$

年度动态效应检验如表 3-6 所示。从表 3-6 的回归结果可以看出，"十三五"规划对股权融资成本的负向作用呈现先上升后下降的趋势，而且在 2016 年、2017 年的负向影响都呈现统计显著，符合政策影响的时间动态规律。

（三）稳健性检验

为了获得可靠的结论，本章对产业政策与股权融资成本的关系进行了稳健性检验。

表 3-6　"十三五"规划对股权融资成本的年度动态效应

变量	Coc	
	（1）	（2）
Constant	0.090＊＊＊	
	(5.97)	

变量	Coc		
	（1）		（2）
Post	−0.017***	Lev	0.035***
	（−13.05）		（14.89）
Treat	−0.032**	Grow	−0.003***
	（−2.41）		（−10.46）
Treat_t1	−0.011***	Roa	0.137***
	（−2.70）		（13.01）
Treat_t2	−0.000*	Divratio	−0.001
	（−1.77）		（−1.09）
Treat_t3	−0.001	Board	−0.008***
	（−1.14）		（−3.84）
Treat_t4	−0.004	Bm	0.037***
	（−0.60）		（19.30）
Size	0.001*	Dol	0.000
	（2.42）		（0.36）
Year/Ind		Yes	
N		13293	
R^2		0.287	

注：括号中报告的是 t 值，***、**、* 分别表示回归系数在 1%、5%、10%的置信水平显著。

1. PSM+DID 内生性检验

为了避免产业政策影响企业股权融资成本可能存在的非随机干扰所导致的内生性问题，本书采用倾向得分匹配（PSM+DID）法进行了内生性检验（Fan et al.，2017），鉴于公司规模、企业负债比率、企业成长性、股利分配水平、财务杠杆可能同时影响股权融资成本，因此选取以上协变量并进行较严格的无放回一对一匹配。PSM+DID 内生性检验结果如表 3-7 所示。产业政策处理净效应（Posttreat）与股权融资成本（Coc）至少在 5%的显著性水平呈负相关关系，内生性检验结果与主效应保持一致，这一结果验证了产业政策降低企业股权融资成本的稳健性。

表 3-7　内生性检验：DID+PSM

变量	Coc		
	（1）	（2）	（3）
Constant	0.103***	0.230***	0.230***
	（23.33）	（4.65）	（4.27）
Post	0.000	0.003	−0.015*
	（−0.06）	（0.36）	（−1.67）
Treat	−0.014	−0.002	−0.002
	（−0.76）	（−0.09）	（−0.05）
Post×treat	−0.003**	−0.011***	−0.011***
	（−2.15）	（−2.60）	（−2.55）
Size		−0.004*	−0.004*
		（−1.77）	（−1.78）
Lev		0.041***	0.041***
		（3.14）	（3.18）
Grow		−0.004**	−0.004***
		（−2.54）	（−3.04）
Roa		0.092	0.092
		（1.18）	（1.16）
Divratio		−0.006	−0.006
		（−0.79）	（−0.96）
Board		−0.036***	−0.036***
		（−2.82）	（−2.88）
Bm		0.058***	0.058***
		（4.12）	（4.56）
Dol		0.000	0.000
		（−0.11）	（−0.14）
Year/Ind	Yes	Yes	Yes
N	3680	3680	3680
R^2	0.010	0.311	0.161

注：括号中报告的是 t 值，***、**、*分别表示回归系数在 1%、5%、10%的置信水平显著。

2. 其他稳健性检验

除内生性检验外，本书随机删除了总样本的 10% 重新进行检验，结果如表 3-8 所示，检验结果依然支持前述结论。

表 3-8　其他稳健性检验：随机删除 10% 样本

变量	Coc		
	（1）	（2）	（3）
Constant	0.100***	0.072***	0.072***
	（17.39）	（7.62）	（8.13）
IP	0.003***	0.003***	0.003***
	（4.22）	（3.65）	（3.77）
Size		0.000	0.000
		（1.30）	（1.33）
Lev		0.034***	0.034***
		（16.00）	（17.07）
Grow		−0.003***	−0.003***
		（−10.32）	（−10.48）
Roa		0.119***	0.119***
		（12.14）	（12.66）
Divratio		−0.003***	−0.003***
		（−2.75）	（−3.08）
Board		−0.008***	−0.008***
		（−4.18）	（−4.35）
Bm		0.036***	0.036***
		（19.58）	（19.76）
Dol		−0.001*	−0.001**
		（−1.77）	（−2.00）
Year/Ind	Yes	Yes	Yes
N	17627	17627	17627
R^2	0.232	0.284	0.096

注：括号中报告的是 t 值，***、**、* 分别表示回归系数在 1%、5%、10% 的置信水平显著。

（四）横截面分析

企业股权融资成本还受企业内外部客观因素和宏观市场环境的影响，本章针对不同情境下产业政策与企业股权融资成本水平是否存在差异进行横截面分析，从产权性质、公司规模和行业成长性三个层面探讨产业政策对企业股权融资成本水平影响的调节作用。

1. 产权性质的横截面检验

产权性质根本上决定了企业资源配置方式和治理结构等一系列重要制度安排，深刻影响着企业的股权融资行为，主要体现在不同产权性质的企业在获取资源能力上的差异。具体表现在以下两个方面：一是国有企业与政府的天然联系有助于企业获得资本市场的基本资源，相对于民营企业，国有企业可以较低成本获得金融贷款和政府补贴；二是国有企业享有政府赋予的特殊权力，可以获得重要政策性资源。政府研发资金也主要以建设国家、技术和国防创新体系的名义注入国有企业（Sun & Liu，2014），为国有企业获得更多政府政策支持提供了重要途径。相对于民营企业，国有企业面临的创新融资约束程度更低，产业政策对于民营企业融资约束的缓解作用可能更大。基于以上分析，产权性质（国有取 1，民营取 0）将会弱化产业政策对于企业股权融资成本水平的负向作用。

本书使用模型（3-5）来考察企业层面的产权性质的调节作用，并使用模型（3-3）进行了分组检验。其中模型（3-5）中 IP_s 表示产业政策（IP）与公司产权性质（State）的交乘项。

$$Coc = \alpha_0 + \alpha_1 IP + \alpha_2 State + \alpha_3 IP\_s + \alpha_4 Size + \alpha_5 Lev + \alpha_6 Grow + \alpha_7 Roa + \alpha_8 Divratio +$$
$$\alpha_9 Board + \alpha_{10} Bm + \alpha_{11} Dol + Year + Ind + \varepsilon \qquad (3-5)$$

表 3-9 是企业层面的产权性质调节作用，从回归结果可以看出，产权性质（国有为 State = 1，民营为 State = 0）和产业政策（IP）的交乘项与企业股权融

资成本水平（Coc）在1%的显著性水平呈正相关关系；在分组检验中也可以看出，产业政策（IP）与股权融资成本水平（Coc）在民营样本中呈现显著的负相关关系，在国有样本中的相关关系并不显著，产权性质弱化了产业政策对股权融资成本水平的负向作用。

表 3-9 横截面检验：产权性质

变量	Coc		
	全样本	国有	民营
Constant	0.049***	0.023*	0.049***
	(5.28)	(1.82)	(3.96)
IP	−0.004***	−0.001	−0.004***
	(−4.99)	(−1.08)	(−4.34)
State	−0.012***		
	(−13.73)		
IP_s	0.004***		
	(3.46)		
Size	0.001***	0.001	0.002***
	(4.01)	(1.31)	(4.35)
Lev	0.035***	0.040***	0.032***
	(17.78)	(11.68)	(12.74)
Grow	−0.003***	−0.002***	−0.003***
	(−11.17)	(−4.13)	(−10.34)
Roa	0.118***	0.171***	0.093***
	(12.69)	(9.92)	(8.34)
Divratio	−0.004***	−0.003*	−0.004***
	(−3.67)	(−1.80)	(−2.97)
Board	−0.005***	0.000	−0.008***
	(−2.74)	(0.15)	(−3.25)
Bm	0.035***	0.041***	0.032***
	(20.59)	(14.16)	(14.58)
Dol	0.000	0.000	0.000
	(−0.61)	(−0.45)	(−0.15)

变量	Coc		
	全样本	国有	民营
Year/Ind	Yes	Yes	Yes
N	19586	7046	12540
R^2	0.293	0.309	0.292

注：括号中报告的是 t 值，＊＊＊、＊＊、＊分别表示回归系数在 1%、5%、10% 的置信水平显著。

2. 公司规模的横截面检验

众多研究均使用公司规模作为融资约束的代理变量（Almeida et al., 2004）。规模较小的公司因为有着较高信息不对称程度和代理成本，并且融资渠道窄，其融资成本更高，将会面临较大融资约束。规模较大公司进入资本市场的渠道较多，面临较低的借款约束成本，拥有较低的外部融资成本。因此，产业政策在规模小的公司样本中更能发挥缓解融资约束的优势从而降低企业股权融资成本水平。

本书使用模型（3-6）来考察企业层面的产权性质的调节作用，并使用模型（3-3）进行了分组检验。其中模型（3-6）中 IP_z 表示产业政策与公司规模（Size）的交乘项。

$$Coc = \alpha_0 + \alpha_1 IP + \alpha_2 IP\_z + \alpha_3 Size + \alpha_4 Lev + \alpha_5 Grow + \alpha_6 Roa + \alpha_7 Divratio + \alpha_8 Board +$$
$$\alpha_9 Bm + \alpha_{10} Dol + Year + Ind + \varepsilon \qquad (3-6)$$

表 3-10 是企业层面的公司规模的调节作用，从回归结果可以看出，公司规模（Size）和产业政策（IP）的交乘项与企业股权融资成本水平（Coc）在 1% 的显著性水平呈正相关关系；在分组检验中也可以看出，产业政策（IP）与股权融资成本水平（Coc）在规模小样本中呈现显著的负相关关系，在规模大样本中的相关关系并不显著，公司规模弱化了产业政策对股权融资成本水平的负向作用。

表 3-10　横截面检验：公司规模

变量	Coc		
	全样本	规模大	规模小
Constant	0.093 ***	0.075 ***	0.089 ***
	(9.24)	(6.00)	(8.04)
IP	−0.038 ***	0.001	−0.004 ***
	(−4.18)	(−0.15)	(−4.91)
Size	0.001		
	(−0.95)		
IP_z	0.002 ***		
	(3.90)		
Lev	0.033 ***	0.039 ***	0.025 ***
	(16.55)	(12.44)	(10.33)
Grow	−0.003 ***	−0.001 ***	−0.003 ***
	(−10.89)	(−2.65)	(−12.91)
Roa	0.120 ***	0.128 ***	0.110 ***
	(12.95)	(8.51)	(9.48)
Divratio	−0.003 ***	−0.004 **	−0.003 **
	(−3.19)	(−2.53)	(−2.27)
Board	−0.008 ***	−0.009 ***	−0.006 **
	(−4.41)	(−3.37)	(−2.39)
Bm	0.036 ***	0.036 ***	0.035 ***
	(21.06)	(14.96)	(14.34)
Dol	−0.001	−0.001	−0.001
	(−1.37)	(−1.02)	(−0.84)
Year/Ind	Yes	Yes	Yes
N	19586	8646	10940
R^2	0.285	0.293	0.260

注：括号中报告的是 t 值，*** 、** 、* 分别表示回归系数在 1%、5%、10% 的置信水平显著。

3. 行业成长性的横截面检验

股权融资作为企业重要的融资决策，其成本受行业成长性的影响不言而喻。当行业处于高成长生命周期时，鉴于高成长行业面临未开发的广阔市场、尚不成熟的产品技术和并不稳固的现有市场，在利润的吸引下大量公司进入将使行业规模迅速膨胀，随着企业投资规模的增加，企业面临的投资机会更多，融资约束更强，此时产业政策能够更好地发挥其融资约束缓解作用，本书预期行业成长性将强化产业政策对企业股权融资成本水平的负向作用。

参考叶康涛和祝继高（2009）、杨兴全等（2016）衡量行业成长性的方法，本书用年度和行业的主营业务收入增长率中值（Grow_me）度量行业成长性，采用模型（3-7）考察行业层面行业成长性的调节作用，并使用模型（3-3）进行了分组检验。其中模型（3-7）中 IP_g 表示产业政策与行业成长性（Grow_me）的交乘项。

$$Coc = \alpha_0 + \alpha_1 IP + \alpha_2 IP\_g + \alpha_3 Grow\_me + \alpha_4 Size + \alpha_5 Lev + \alpha_6 Roa + \alpha_7 Divratio +$$
$$\alpha_8 Board + \alpha_9 Bm + \alpha_{10} Dol + Year + Ind + \varepsilon \qquad （3-7）$$

表 3-11 是行业成长性的调节作用，从回归结果可以看出，行业成长性（Grow_me）和产业政策（IP）的交乘项与企业股权融资成本水平（Coc）在 5% 的显著性水平呈负相关关系；在分组检验中也可以看出，产业政策（IP）与股权融资成本水平（Coc）在成长性样本中呈现显著的负相关关系，在成长性样本中的相关关系并不显著，行业成长性强化了产业政策对股权融资成本水平的负向作用。

表 3-11　横截面检验：行业成长性

变量	Coc		
	全样本	成长性高	成长性低
Constant	0.075 ***	0.0230	0.083 ***
	(8.21)	(1.19)	(7.76)
IP	−0.002 **	−0.008 ***	−0.001
	(−2.43)	(−5.42)	(−0.90)

变量	Coc		
	全样本	成长性高	成长性低
Grow_me	−0.002***		
	(−5.89)		
IP_g	−0.001**		
	(−2.20)		
Size	0.000	0.002***	0.000
	(1.43)	(3.49)	(0.13)
Lev	0.033***	0.025***	0.035***
	(16.48)	(6.19)	(15.21)
Roa	0.120***	0.097***	0.121***
	(12.87)	(4.72)	(11.45)
Divratio	−0.003***	−0.007***	−0.002**
	(−3.14)	(−3.22)	(−2.04)
Board	−0.008***	−0.013***	−0.006***
	(−4.51)	(−3.11)	(−3.05)
Bm	0.036***	0.036***	0.035***
	(21.16)	(9.82)	(17.86)
Dol	−0.001	−0.001	−0.001
	(−1.54)	(−0.89)	(−1.01)
Year/Ind	Yes	Yes	Yes
N	19586	4571	15015
R^2	0.284	0.364	0.256

注：括号中报告的是 t 值，***、**、*分别表示回归系数在 1%、5%、10%的置信水平显著。

五、产业政策与股权融资成本：作用机制

（一）产业政策、融资约束与股权融资成本

受产业政策扶持的上市公司会获取更多的金融资源，以改善企业的融资状

况。首先，产业政策往往以各种政府支持形式直接作用于微观企业，受扶持企业可以直接获得政府的各项补助、税收优惠和成本较低的政策性贷款，缓解融资约束。其次，商业银行的信贷政策会随时根据产业政策进行相应调整，随着政府行政干预的增加以及信贷市场上信息不对称的降低，受扶持企业会得到更多以及更加优惠的商业贷款融资（何熙琼等，2016），祝继高等（2015）研究发现，相比于非产业政策扶持行业的企业，受扶持的企业更容易获得商业银行信贷支持。最后，产业政策的实施有利于提高受扶持行业企业的声誉，资本市场对受扶持企业的预期会随之改善，市场的投资热情也会得到进一步激发，使得受产业政策扶持的企业更容易在资本市场上融通资金。Chen 等（2017）研究产业政策对企业股权融资的影响时发现，受产业政策扶持的企业 IPO 和股权再融资比例更高，受产业政策扶持的企业比非产业政策扶持企业更容易从资本市场上获得资金支持。由于投资者不能准确对企业风险进行定价，较高的风险回报要求会导致股权融资成本的上升，同时企业经营活动存在的不确定性，使外部投资者难以有效监督管理层，相对于低融资约束企业，高融资约束企业信息不对称程度更高，发生道德风险的可能性较大，产业政策扶持可以通过缓解企业融资约束降低企业投资风险，增强企业投资意愿，继而减少投资者对风险回报的要求，降低企业的股权融资成本。

本章采用了温忠麟的中介效应三步检验法，即重复模型（3-1），然后利用模型（3-8）和模型（3-9）进行检验。模型（3-8）借鉴了钱雪松等（2019）、姜付秀等（2016）、卢盛峰和陈思霞（2017）的研究，用融资约束指数（Kz）衡量企业受融资约束程度，该指数越大表明企业面临的融资约束越大，并利用该指数构建模型（3-8）。模型（3-9）是在模型（3-1）的基础上于解释变量中加入融资约束（Kz）。

$$Kz = \alpha_0 + \alpha_1 IP + \alpha_2 Size + \alpha_3 Lev + \alpha_4 Grow + \alpha_5 Roa + \alpha_6 Divratio + \alpha_7 Board + \alpha_8 Bm +$$

$$\alpha_9 Dol + Year + Ind + \varepsilon \qquad (3-8)$$

$$Coc = \alpha_0 + \alpha_1 IP + \alpha_2 Kz + \alpha_3 Size + \alpha_4 Lev + \alpha_5 Grow + \alpha_6 Roa + \alpha_7 Divratio + \alpha_8 Board +$$

$$\alpha_9 Bm + \alpha_{10} Dol + Year + Ind + \varepsilon \qquad (3-9)$$

表 3-12 中系数的正负号和显著性检验均满足本书对中介效应的检验预期,说明融资约束在产业政策对企业股权融资成本水平的影响过程中具有部分中介效应,即产业政策缓解了企业融资约束,从而促使企业股权融资成本水平下降。

表 3-12 产业政策、融资约束与股权融资成本

变量	Coc	Kz	Coc
	(1)	(2)	(3)
Constant	0.076 ***	30.59	0.075 ***
	(8.35)	(1.64)	(8.32)
IP	−0.002 ***	−0.097 *	−0.001 ***
	(−3.43)	(−1.81)	(−3.42)
Kx			0.087 **
			(2.41)
Size	0.000	−1.378	0.000
	(1.45)	(−1.27)	(1.46)
Lev	0.033 ***	9.084 **	0.033 ***
	(16.46)	(2.25)	(16.35)
Grow	−0.003 ***	−0.058 ***	−0.003 ***
	(−11.00)	(−3.01)	(−11.02)
Roa	0.119 ***	7.056	0.119 ***
	(12.85)	(0.74)	(12.86)
Divratio	−0.003 ***	−0.0950	−0.003 ***
	(−3.16)	(−0.38)	(−3.16)
Board	−0.008 ***	0.501	−0.008 ***
	(−4.48)	(1.18)	(−4.47)
Bm	0.036 ***	−7.189 ***	0.036 ***
	(21.11)	(−38.22)	(20.91)
Dol	−0.001	0.387 **	−0.001
	(−1.57)	(2.25)	(−1.58)

变量	Coc	Kz	Coc
	（1）	（2）	（3）
Year/Ind	Yes	Yes	Yes
N	19586	19586	19586
R^2	0.284	0.034	0.284

注：括号中报告的是 t 值，＊＊＊、＊＊、＊分别表示回归系数在 1%、5%、10%的置信水平显著。

（二）产业政策、信息透明度与股权融资成本

当产业政策等宏观经济政策颁布时，一方面，目标公司受自身经营业绩的变化影响，倾向于主动向市场公布信息；另一方面，受到政策支持的公司会吸引媒体的关注、报道更多关于其财务或非财务的信息。当目标公司在市场上可得公共信息增加，专业风险套利人可以更多地通过公共渠道获取相关信息，降低相关信息需求者（如专业分析师）的信息成本。根据分析师供给需求曲线，产业政策出台成本下降使供给曲线右移，分析师均衡数量增加，从而提升分析师财务预测精确度、降低分歧度，随着分析师信息收集成本的降低，预测精度的提高，企业信息透明度会显著上升。因此，产业政策的实施可以有效减少证券市场的噪声交易，降低股票同步性，提高资本市场信息效率（潘亮，2015）。

本章采用了温忠麟的中介效应三步检验法，即重复模型（3-1），然后利用模型（3-10）和模型（3-11）进行检验。借鉴辛清泉等（2014）的研究，模型（3-10）中被解释变量使用信息透明度综合指标（Info）衡量企业的信息质量。将盈余管理（转换为正指标）、分析师跟踪数量、分析师预测精准度（转换为正指标）、审计师是否来自四大会计师事务所四个指标进行百分位数标准化，再计算平均值。该指标越大，表示公司信息透明度越高。模型（3-11）是在模型（3-1）的基础上于解释变量中加入信息透明度（Info）。

$$Info = \alpha_0 + \alpha_1 IP + \alpha_2 Size + \alpha_3 Lev + \alpha_4 Grow + \alpha_5 Roa + \alpha_6 Divratio + \alpha_7 Board + \alpha_8 Bm +$$

$$\alpha_9 Dol + Year + Ind + \varepsilon \tag{3-10}$$

$$Coc = \alpha_0 + \alpha_1 IP + \alpha_2 Info + \alpha_3 Size + \alpha_4 Lev + \alpha_5 Grow + \alpha_6 Roa + \alpha_7 Divratio + \alpha_8 Board +$$

$$\alpha_9 Bm + \alpha_{10} Dol + Year + Ind + \varepsilon \tag{3-11}$$

表 3-13 中系数的正负号和显著性检验均满足本书对中介效应的检验预期，说明信息透明度在产业政策对企业股权融资成本水平的影响过程中具有部分中介效应，即产业政策提升了企业信息透明度，从而促使企业股权融资成本水平下降。

表 3-13　产业政策、信息透明度与股权融资成本

变量	Coc	Info	Coc
	(1)	(2)	(3)
Constant	0.076 ***	-1.457 ***	0.074 ***
	(8.35)	(-20.70)	(8.11)
IP	-0.002 ***	0.004 *	-0.001 ***
	(-3.43)	(1.72)	(-3.44)
Info			-0.001 **
			(-2.02)
Size	0.000	0.097 ***	0.001 *
	(1.45)	(37.95)	(1.69)
Lev	0.033 ***	-0.156 ***	0.033 ***
	(16.46)	(-9.01)	(16.35)
Grow	-0.003 ***	-0.005 **	-0.003 ***
	(-11.00)	(-2.54)	(-11.02)
Roa	0.119 ***	2.540 ***	0.122 ***
	(12.85)	(28.90)	(12.93)
Divratio	-0.003 ***	0.000	-0.003 ***
	(-3.16)	(-0.02)	(-3.17)
Board	-0.008 ***	0.081 ***	-0.008 ***
	(-4.48)	(5.23)	(-4.43)
Bm	0.036 ***	-0.130 ***	0.036 ***
	(21.11)	(-8.41)	(20.92)

续表

变量	Coc	Info	Coc
	（1）	（2）	（3）
Dol	−0.001	−0.150***	−0.001*
	（−1.57）	（−20.85）	（−1.75）
Year/Ind	Yes	Yes	Yes
N	19586	19586	19586
R²	0.284	0.316	0.284

注：括号中报告的是 t 值，***、**、*分别表示回归系数在 1%、5%、10%的置信水平显著。

六、产业政策、股权融资成本与企业价值

　　股权融资能够改变企业的融资结构，制造适合企业的最优资本结构，有助于分散企业的非市场风险，从而降低企业的经营风险。如果一个企业的正常经营在很大程度上需要依赖间接融资，在这种情形下，企业经营者没有投资者来分担经营风险，需要独自担负所有的经营风险。在进行创新活动等具有一定风险的项目时，会更加犹豫不决，这就很可能导致企业错失发展的良机。考虑到股权融资的特点，公司可以通过股权融资，将其投资风险分散到一个更广泛的投资者群体，从而分散经营风险，进而刺激企业经营者积极主动、科学地组织企业投资。通过以上分析，对于利益相关者中最重要的对象——投资者来说，产业政策通过缓解企业融资约束和提升企业信息透明度会影响其要求的回报率，从而降低企业的股权融资成本。相对于债务融资而言，股权融资的优点在于可以在短时间内筹集到大量资金并且不需定期支付本金和利息，如果可以通过获得产业政策扶持降低股权融资成本，那么企业可以较小的成本获取最有利

的筹资渠道，现金流和资本是企业生存和发展的重要方面，因而有利于企业价值的提高。

借鉴杨兴全和尹兴强（2018）、杨兴全和王丽丽（2020）的研究，构建模型（3-12）来进一步探究产业政策及产业政策影响下的股权融资成本降低对企业价值的影响，以此折射产业政策的有效性。本书主要使用模型（3-12）来考察产业政策影响下的股权融资成本对企业价值的影响，其中，Mv 代表企业价值，由托宾 Q 表示，并使用模型（3-3）进行了分组检验。其中模型（3-12）中 IP_c 表示产业政策与股权融资成本（Coc）的交乘项。

$$Mv = \alpha_0 + \alpha_1 IP + \alpha_2 IP\_c + \alpha_3 Size + \alpha_4 Lev + \alpha_5 Grow + \alpha_6 Roa + \alpha_7 Divratio + \alpha_8 Board +$$
$$\alpha_9 Bm + \alpha_{10} Dol + Year + Ind + \varepsilon \tag{3-12}$$

相关回归结果如表 3-14 所示，产业政策影响下的股权融资成本降低能显著提升企业价值，分组检验同时发现，产业政策对股权融资成本的降低效应在企业价值（Tq）较大组中更加显著，证明产业政策可以有效降低企业股权融资成本水平，并且这种效应能够显著提升企业价值。

表 3-14　产业政策、股权融资成本与企业价值

变量	Tq	Coc	
	全样本	Tq≥均值	Tq≤均值
Constant	8.733 **	0.034	0.085 ***
	(2.15)	(1.62)	(7.73)
Coc	−4.272		
	(−1.45)		
IP_c	7.899 *		
	(1.82)		
IP	1.130 *	0.003 ***	0.002
	(1.72)	(2.69)	(1.25)
Size	−0.192	0.002 ***	0.000
	(−1.13)	(4.53)	(−1.11)

变量	Tq	Coc	
	全样本	Tq≥均值	Tq≤均值
Lev	2.031	0.019 ***	0.040 ***
	(1.51)	(6.13)	(15.09)
Grow	0.138	−0.003 ***	−0.002 ***
	(1.29)	(−7.18)	(−8.68)
Roa	10.356 *	0.116 ***	0.119 ***
	(1.79)	(9.43)	(8.20)
Divratio	−0.073 ***	−0.003	−0.004 ***
	(−2.65)	(−1.53)	(−2.81)
Board	−0.690	−0.010 ***	−0.006 ***
	(−1.07)	(−3.57)	(−2.86)
Bm	−4.292 ***	0.048 ***	0.038 ***
	(−25.32)	(10.65)	(12.96)
Dol	0.270 *	0.000	−0.001
	(1.93)	(−0.03)	(−1.34)
Year/Ind	Yes	Yes	Yes
N	19586	6085	13501
R^2	0.043	0.215	0.252

注：括号中报告的是 t 值，*** 、** 、* 分别表示回归系数在1%、5%、10%的置信水平显著。

七、本章小结

（一）研究结论

股权融资是上市企业进行外部融资的重要渠道，股权融资成本的高低不仅影响企业资金的获取，也在一定程度上反映证券市场的配置效率。本章基于产业政策影响下不同企业产权性质、企业规模及所处行业成长性探讨产业政策对股权融资成本的影响，并进一步从融资约束和代理问题探讨其作用机制及产业政策微观经济后果，本章构建 DID 模型，以"十三五"规划的产业扶持政策，研究分析产业政策对上市公司的股权融资成本影响。研究结果表明：①产业政策扶持能够显著降低企业股权融资成本，以 2015 年"十三五"规划出台构建 DID 样本，验证了"十三五"规划出台后，企业股权融资成本显著下降；②以公司层面的产权性质、公司规模及行业成长性进行横截面分析发现，产业政策对股权融资成本的负向作用在民营企业、公司规模小企业以及行业成长性高企业中更加显著；③作用机制研究发现，产业政策通过缓解企业融资约束、提高信息透明度进而降低上市公司股权融资成本；④经济后果研究发现，产业政策影响下的股权融资成本降低进一步提升了企业价值。本章拓展了产业政策经济后果研究，丰富了股权融资成本的影响因素，对企业根据产业政策合理配置所需资金及企业优化融资环境具有启示作用。

（二）政策建议

1. 建立以股权融资为主体的资本市场

实证检验结果证实了股权融资对于企业创新的正向促进作用，但多数企业的股权融资在外部融资中占比较低。应推进金融体制改革，制定更加灵活、有层次的上市标准。以股权融资为市场主体，充分发挥股权融资渠道的积极作用，使股权市场担当推动企业创新的职责。例如，加快推进 IPO 注册制，为保证企业股权融资渠道的顺畅创造条件。要想建成"大众创业、万众创新"的投融资环境，就需要对新兴的融资方式持包容态度，例如，依托互联网的股权众筹、P2P 等，建立更加开放包容的市场新兴的融资方式。

2. 分层次突出政策重点，精简政策扶持范围

江小涓认为，当产业政策鼓励的行业太多时，会导致政策在实施中的重心

缺失，效率降低。因此，政府应当突出产业政策的重难点，精简其范围，将扶持的重点放在发展潜能巨大和存在市场失灵的行业，着重突出其支持力度，分等级和轻重缓急地扶持各大行业，按扶持力度分层次进行政策分类。此外，也要注意将直接的手段干预和间接的扶持引导结合，相关部门要依次进行转换，由行政手段的直接干预逐步向间接引导为主转换，营造良好的融资环境，为企业资本结构的调整提供支持，加强政策的效果。

3. 继续深化金融体制改革

出台与产业政策相对应的金融政策，解决非国有企业普遍面临的融资难现象。金融政策在宏观产业政策和微观企业之间起到了不可或缺的作用，因此要在金融政策制定过程中综合考虑产业政策，为产业政策的有效发挥贡献经济上的支持。产业政策对民营企业的信贷融资效果较低，在市场经济中民营企业占据半壁江山，举足轻重，因此应当采取措施积极解决民营企业尤其是中小企业的融资问题，拓宽其融资途径，引导资金流向民营企业，推进利率市场化进程，通过营造投融资环境助推产业政策有效实施。此外，相关部门要在市场准入等环节消除对非国有企业的歧视，推动市场良性发展，缓解民营企业的金融抑制现象，使政府这一"有形之手"和市场的"无形之手"合作共赢，为有能力的企业创造良好的环境。

4. 完善资本市场上的相关法律法规

产业政策改善和保障了受支持企业的资本结构调整，但是政府也应当保障外部债权人和投资者的合法权益，建立良好的外部融资环境。只有债权人和投资者的权益能够被保障，资本结构调整的企业才能降低融资的阻梗，通过融资和投资更好地发展企业，降低成本，使企业更好地调整资本结构。

第四章　产业政策与企业营运：现金持有

一、引言

  企业现金持有的影响因素一直是理论界与实务界非常关注的问题。2007年美国爆发的次贷危机引发全球性金融风暴，导致大批企业（如世界通信、雷曼兄弟等）因现金流中断而面临破产。次贷危机的发生使企业更加关注现金持有决策，特别是受到融资约束的企业，会持有较多的现金以预防不确定性风险（Fresard et al.，2010）。国内外学者对企业现金持有影响因素的研究非常丰富，主要关注公司财务特征、公司治理、行业特征、外部投资者保护和宏观环境因素等方面（Dittmar et al.，2003；程建伟和周伟贤，2007；Harford et al.，2008；祝继高和陆正飞，2009；杨兴全等，2016）。尽管很多学者基于宏观政策视角探讨企业现金持有的决策行为，如货币政策、利率调整、税率变动等（陈德球等，2011），但较少有学者探讨产业政策对企业现金持有行为的影响。

对于处在新兴转轨时期的我国来说，制度层面的因素是影响我国企业决策行为的重要因素之一，并日益成为研究企业投融资行为的热点话题，因此，从制度层面对企业现金持有行为进行研究比较符合我国的实际情况。我国是一个重视使用产业政策调控经济的国家（舒锐，2013），产业政策作为政府调控经济的一种重要形式，起到引导社会资金流向、优化资源配置的作用，从而推进产业结构的调整，促进经济转型升级。"十三五"时期以来，我国经济发展步入新常态，国内外发展环境错综复杂，国家进行宏观调控的难度进一步加大，政府部门必须不断优化宏观调控的思路和方式才能使产业政策落实到位。产业政策的经济后果一直是实务界和理论界非常关注的问题，需要通过微观企业的行为来体现，正如饶品贵等（2013）指出的，微观企业行为是宏观经济政策达成的目标和渠道。诸多学者研究产业政策对微观企业行为的影响，产业政策会影响企业的银行借款（张纯和潘亮，2012）、融资约束（车嘉丽和薛瑞，2017）、投资效率（何熙琼等，2016）、研发投资（谭劲松等，2017）等。但较少有学者探讨产业政策对企业现金持有的影响，那么产业政策是否会对企业现金持有行为产生影响，以及产生怎样的影响。为此，本章尝试从企业现金持有视角考察产业政策的经济后果，为宏观产业政策影响微观企业行为提供新的证据支持。

本章的理论意义在于：①现有研究主要从财务特征、行业特征、公司治理、外部投资者保护和宏观环境等视角探讨企业现金持有的影响因素。本章在此基础上研究宏观产业政策对企业现金持有行为的影响，不仅是对现金持有影响因素研究的拓展，还为宏观产业政策影响企业行为提供了新的证据支持。②在研究产业政策与企业现金持有二者关系的基础上，本章进一步引入了管理层权力和内部公司治理的调节变量，探讨产业政策对现金持有的影响在不同水平管理层权力和公司治理的企业中是否存在显著差异，从而深化了对二者关系的研究。③在检验产业政策影响企业现金持有的作用机理时，首先检验了产业政策有效缓解过度投资和在职消费并提升公司现金持有水平的治理效应机制，在此基础上检验了产业政策对超额持现的二次分配的优化作用，纵深检验有助于进一步厘清产业政策影响现金持有提升企业价值的有效途径。这一分析脉络使产业政策对公司现金持有水平影响的作用机制更加清晰和完整，为政府和企业正确引导实施产业政策发挥良好促进作用提供一定的理论借鉴与实证依据。

本章的实际意义在于：①研究产业政策对企业现金持有的影响有利于引导企业关注产业政策、积极响应产业政策，合理地对现金持有水平进行调整，规避和管理宏观环境变动带来的风险。②在研究产业政策与企业现金持有二者关系的基础上，进一步探究管理层权力和内部公司治理水平的调节作用，从多个视角考查产业政策对现金持有的影响机制，有利于企业根据自身情况进行现金持有决策。③结合我国特色的制度背景，探讨产业政策对企业现金持有的影响，为国家宏观产业政策影响企业决策提供有益的经验证据，为产业政策的制定和评估提供不断完善和改进的理论基础。

二、理论分析

作为企业流动性管理的重要组成部分，企业现金持有决策一直备受学术界及实务界的广泛关注。早在 20 世纪 30 年代，Keynes 就指出，完美资本市场情形下企业无须持有现金等流动性资产。然而现实中，完美资本市场并不可得，企业普遍选择留存一定数量现金以应对外部融资约束、金融危机或政策不确定性对企业带来的负面冲击。企业持有现金可以满足公司交易、预防和投机需要，从而提高企业市场竞争能力。由于信息不对称与交易摩擦提高了公司的外部融资成本，现金持有不仅能够缓解公司面临的融资约束，还能满足成长性投资机会的资金需求进而提高企业的财务柔性，持续高额持有现金因在不降低经营业绩的情况下支持公司的成长，是高成长公司的最优政策（Mikkelson & Partch，2003），公司的现金持有与其投资水平正相关，而融资约束公司的边际投资价值更大（Denis & Sibilkov，2010）。同时，鉴于现金是一种极易被管理层或大股东攫取或转换为私人收益的重要资产，高额持有现金同样会成为滋生或加剧代理问题的"温床"。自由现金流假说的观点认为，管理层具有为获得私利而进行过度投资或窃取现金的倾向（Jensen，1986）。收到巨额赔偿的公司会将现金更多地保留在公司或投资于低价值的项目（Blanchard et al.，1994）。公司治理的无效将致使公司持有高额现金，且更易于进行损害股东价值的多元化并购（Harford，1999），频繁且高额低效的资本支出造成公司现金的浪费，进而降低现金持有价值（Dittmar & Mahrt－Smith.，2007；Harford et al.，2008），尤其在投资者保护不足、公司治理机制亟待完善的新兴经济体中，现金持有的代理冲突更加严重（刘博研和韩立岩，2011）。

在我国特殊的转型经济背景下，影响上市公司投资行为和效率的因素不仅局限于企业内部治理结构，而且取决于外部制度因素。其中政府调控不可忽视，甚至是关键性的影响因素（辛清泉等，2007；程仲鸣等，2008）。政府对经济调控可以通过多种方式进行，产业政策便是一种弹性很大的政府调控方式。产业政策是一国中央或地方政府制定的，主动调控产业经济活动的各种政策的集合。从 20 世纪 50 年代开始，中国开始通过制订五年计划推行国家产业政策，目前，已经形成了比较完整的产业政策体系。

已有研究认为，受国家宏观产业政策鼓励行业的公司拥有更多的外部融资机会（包括银行贷款和发行股票筹资），其融资约束程度显著低于其他行业公司（陈冬华等，2010，Chen et al.，2013）。受国家产业政策扶持的企业可能面临更多的政府、市场监督，从而有效抑制管理层和大股东的自利行为和隧道挖掘行为。现金持有水平本身可能受到两种截然不同的代理掏空：一是基于柔性假说（Flexibility Hypothesis）下的企业高管或控股股东在普遍缺乏股东监督及投资者法律保护尚需完善的制度背景下，出于在职消费与利益侵占等自利行为，在企业产生超额现金流时选择即期留存大量现金资产（Jensen，1986）以便内部人未来的利益攫取（Dittmar et al.，2003）和减少股权融资规避资本市场监管（Blanchard et al.，1994）。二是基于耗散假说（Spending Hypothesis）下的企业高管为完成多元目标进而获得政治升迁，也可能具有强烈动机通过过度投资、扩大企业规模（Jensen，1986）或发起并购（Harford et al.，1999）来迅速消耗留存现金而使其现金持有处于较低水平。无论何种方式的代理问题，均有损企业价值，产业政策扶持有助于有效政府市场监督效应的发挥而缓解企业持现所面临的两类代理问题，优化企业现金持有价值。基于耗散假说，受产业政策扶持的企业，更有可能吸引更多投资者以及潜在客户的广泛关注，能够有效抑制管理层的机会主义行为，进而提升公司价值。通过分析不难发现，受产业政策扶持的企业治理能力较强，不仅促使董事会决策更好地服从股东利益，而且能够有效抑制管理层的机会主义动机。受产业政策扶持的企业借助治理能力优势，以较高的监督动机、积极的监督治理来抑制"耗散假说"下企业内部人的过度投资和在职消费，从而有利于当期现金持有水平的增加。

因此，根据现金持有的"耗散假说"，本章提出产业政策影响现金持有水平的理论假设：

H4-1：产业政策可有效抑制"耗散假说"下企业内部人的现金耗散行为，显著提升公司现金持有水平。

三、研究设计与变量定义

（一）样本选择与数据来源

本章的因变量现金持有的计算需要使用 2007 年新会计准则实施后披露的"交易性金融资产"科目，因此研究的样本区间为 2007～2019 年，对样本进行如下处理：①剔除金融保险类公司样本；②剔除被 ST 类公司的参股样本；③剔除有关财务和治理数据缺失的样本；④为消除极端数据对结果的影响，对所有连续变量进行了 1% 和 99% 水平上的缩尾处理。最终，共获得 23304 个年度—公司数据。上市公司财务与公司治理数据来源于 CSMAR 数据库。本书使用 STATA16.0 进行统计分析。

（二）计量模型构建

本章的被解释变量为现金持有（Cash），等于（货币资金+交易性金融资产）／（总资产−现金及等价物），产业政策与现金持有采用控制年份和行业的 OLS 回归。本书构建模型（4−1）以检验产业政策对公司现金持有的影响。

$$Cash = \alpha_0 + \alpha_1 IP + \alpha_2 Size + \alpha_3 Lev + \alpha_4 Age + \alpha_5 Grow + \alpha_6 Roe + \alpha_7 Cfo + \alpha_8 Divratio +$$
$$\alpha_9 Wage + \alpha_{10} Dual + \alpha_{11} Shr1 + \alpha_{12} Indboard + \sum Industry + \sum Year + \varepsilon$$

$$(4-1)$$

（三）变量定义

1. 现金持有（Cash）

借鉴陆正飞和韩非池（2013）、杨兴全等（2016）、杨兴全和尹兴强

（2018）、杨兴全等（2020）的研究，定义（货币资金+交易性金融资产）/（总资产−现金及等价物）作为公司现金持有水平（Cash）的代理变量，定义期末货币资金/总资产（Cash1）作为产业政策影响公司现金持有稳健性检验的代理变量。

2. 产业政策（IP）

参考祝继高（2015）、杨兴全等（2018）的方法，采用"五年规划"中行业的发展规划来界定是否受产业政策扶持，将"规划"中国家明确鼓励和重点支持的行业认定为产业政策扶持行业，并设置虚拟变量IP，根据证监会2001年行业分类进行匹配，行业分类的三级代码符合前述产业政策扶持条件的，行业内企业受产业政策扶持，IP=1，否则为产业政策非扶持行业企业，IP=0。

3. 控制变量

参考余明桂等（2016）、杨兴全等（2020）的研究，选取公司规模（Size）、负债比率（Lev）、公司年龄（Age）、公司成长性（Grow）、净资产利润率（Roe）、现金流量（Cfo）、股利支付率（Divratio）作为公司基本特征变量加以控制，选取高管薪酬（Wage）、两职合一（Dual）作为管理特征变量加以控制，选取第一大股东持股比例（Shr1）、董事独立性（Indboard）作为治理特征变量加以控制，同时考虑行业和年度的影响。具体变量定义如表4-1所示。

表4-1　变量定义及说明：产业政策与现金持有

变量类型	变量符号	变量名称	变量定义
被解释变量	Cash	现金持有量	（货币资金+交易性金融资产）/（总资产−现金及等价物）
解释变量	IP	是否受产业政策扶持	受产业政策扶持时取1，不受产业政策扶持时取0

变量类型	变量符号	变量名称	变量定义
公司基本特征	Size	资产规模	年末资产总额的对数
	Lev	负债比率	负债总额/年末资产总额
	Age	公司年龄	公司成立年数的自然对数
	Grow	企业成长性	营业收入增长率
	Roe	净资产利润率	净利润/净资产
	Cfo	现金流	经营活动现金流净额/总资产
	Divratio	股利支付	每股股利/每股收益
管理特征	Wage	高管薪酬	ln（董监高薪酬总额/（管理层规模+1））
	Dual	两职合一	总经理兼任董事取1，否则取0
治理特征	Shr1	第一大股东持股比例	第一大股东持股/股本
	Indboard	董事独立性	独立董事/董事会规模

四、实证结果与分析

（一）描述性统计

对样本变量进行描述性统计，有助于从整体上初步认识和分析各变量的相关关系。表4-2列示了主要变量的描述性统计结果。公司现金持有水平（Cash）的均值为0.262，最大值为1.571，最小值为0.018，说明样本公司现金持有差异较大，而不同企业间的现金持有具有一定差距。IP的均值为0.471，说明在样本期间，有47.1%的公司受到了产业政策的扶持。

表4-2　变量描述性统计：产业政策与现金持有

变量	样本量	均值	标准差	最大值	最小值
Cash	23304	0.262	0.266	1.571	0.018

续表

变量	样本量	均值	标准差	最大值	最小值
IP	23304	0.471	0.500	1.000	0.000
Size	23304	22.180	1.291	26.091	19.884
Lev	23304	0.433	0.201	0.857	0.055
Age	23304	2.1212	0.791	3.258	0.000
Grow	23304	0.222	0.475	3.315	−0.462
Roe	23304	0.090	0.067	0.344	0.002
Cfo	23304	0.051	0.070	0.249	−0.154
Divratio	23304	0.275	0.294	1.741	0.000
Wage	23304	12.296	0.726	14.146	10.386
Dual	23304	0.237	0.425	1.000	0.000
Shr1	23304	0.353	0.150	0.750	10.386
Indboard	23304	0.372	0.053	0.571	0.308

表4-3报告了产业政策与企业现金持有水平的单变量检验结果，按照是否受产业政策扶持的均值检验结果，现金持有水平（Cash）在受产业政策扶持组中显著大于非产业政策扶持组。初步检验结果认为，产业政策能够提升公司现金持有水平。

表4-3 单变量检验：产业政策与现金持有

	IP = 1	IP = 0
Cash	0.276	0.249
T	7.769	
N	10916	12388

（二）基本检验结果

表4-4报告了产业政策对公司现金持有水平（Cash）的回归结果。其中，列（1）未控制任何变量，列（2）采用了控制行业和年份的 OLS 分析，列

（3）加入了所有控制变量，并控制了行业和年份。产业政策（IP）与现金持有水平（Cash）的系数分别为 0.027、0.003 和 0.029，均与现金持有水平（Cash）在 1%的显著性水平呈正相关关系，即受到产业政策扶持的企业，现金持有水平更高。根据上文分析，产业政策能够抑制"耗散假说"下企业内部人的自利行为，提高公司现金持有水平，H4-1 得到验证。

表4-4 产业政策与现金持有

变量	Cash		
	（1）	（2）	（3）
Constant	0.249 ***	0.233 ***	0.438 ***
	（114.00）	（9.04）	（10.15）
IP	0.027 ***	0.003 ***	0.029 ***
	（7.69）	（5.64）	（7.17）
Size			−0.002
			（−1.23）
Lev			−0.433 ***
			（−38.13）
Age			−0.037 ***
			（−13.91）
Grow			−0.006 *
			（−1.82）
Roe			0.295 ***
			（10.40）
Cfo			0.394 ***
			（14.72）
Divratio			0.046 ***
			（8.10）
Wage			0.002
			（0.75）
Dual			0.009 **
			（2.21）

变量	Cash		
	(1)	(2)	(3)
Shr1			0.046 ***
			(4.15)
Year/Ind		Yes	Yes
N	23304	23304	23304
R^2	0.003	0.136	0.283

注：括号中报告的是 t 值，***、**、* 分别表示回归系数在 1%、5%、10% 的置信水平显著。

以上模型主要通过平均效应来检验产业政策对企业现金持有的影响。为考察"十三五"规划的影响，本章利用"十三五"规划的出台这一"外生政策影响"，选取 2012~2019 年沪深 A 股上市公司的样本数据，构建如下模型（DID 模型）：

$$Cash = \alpha_0 + \alpha_1 Post + \alpha_2 Treat + \alpha_3 Post \times Treat + \sum Control + \varepsilon \qquad (4-2)$$

Post 在 2011 年以前取 0，2011 年及以后取 1，Treat 用来区分实验组和控制组，借鉴孟庆玺等（2016）的做法，如果某一行业不受"十二五"规划影响而受"十三五"规划影响，此时 Treat 取 1，作为实验组，如果某一行业都不受"两个五年规划"影响，此时 Treat 取 0，作为控制组。双重差分使用个体数据而非简单的样本均值变化考虑政策影响，从而判断政策影响是否具有显著的统计意义。双重差分可以避免因变量和自变量的互相影响以及政策作为自变量所带来的内生性，相对于传统研究政策影响的方法更加稳健。但是实验组如果没有受到政策影响，应保持与控制组相似的时间和趋势效应，要求双重差分模型使用时必须满足"平行趋势假定"这一基本前提。本章采用三种方法进行了平行趋势检验，第一种采用了平行趋势回归图 4-1 考察"十三五"规划后现金持有水平实验组与控制组的变动趋势，相较于控制组，实验组现金持有水平在 2018~2019 年有明显上升趋势。第二种采用陈胜蓝和马慧（2017）

的方法，选取 2015 年之前的样本，比较实验组和控制组在"十三五"规划之前的现金持有水平差异，表 4-5 的列（1）提供了相关检验结果，在控制其他变量后，Treat 的回归系数没有通过显著性检验，这表明在"十三五"规划之前，受产业政策扶持和不受产业政策扶持现金持有水平没有显著差别，因此初步认为实验组和控制组在"十三五"规划之前具有平行趋势。第三种方法是在错层的准自然实验中，借鉴 Serfling（2016）的做法，将行业是否受"十三五"规划扶持按时段进行区分并设置相应虚拟变量，Treat2 代表 2012 年行业是否受"十三五"规划扶持的虚拟变量，如果 2012 年行业受"十三五"规划扶持，Treat2 取 1，否则取 0。其他年份虚拟变量依次类推。表 4-5 的列（2）提供了相应的回归结果，在控制其他变量后，2015 年以前 Treat 虚拟变量的系数不显著，2015 年以后的 Treat 虚拟变量系数绝对值更大，而且至少在 5% 以上的水平显著，从平均处理效应来看，平均趋势假定得以基本满足。

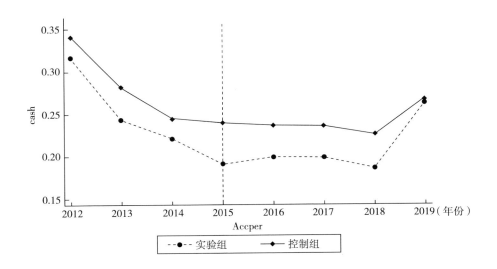

图 4-1　平行趋势回归：产业政策与现金持有

表 4-5　平行趋势检验：产业政策与现金持有

变量	Cash	
	(1)	(2)
Constant	0.569***	0.475***
	(5.75)	(8.14)
Treat	0.107	
	(1.59)	
Treat2		0.007
		(1.12)
Treat3		0.005
		(0.10)
Treat4		0.025
		(0.44)
Treat5		0.008
		(0.14)
Treat6		0.010***
		(3.18)
Treat7		0.024**
		(2.43)
Treat8		0.012**
		(2.20)
Size	-0.005	-0.006***
	(-1.51)	(-2.93)
Lev	-0.473***	-0.393***
	(-21.08)	(-28.98)
Age	-0.035***	-0.011***
	(-7.42)	(-4.04)
Grow	-0.014**	-0.009**
	(-2.15)	(-2.22)
Roe	0.389***	0.358***
	(5.87)	(9.95)
Cfo	0.369***	0.364***
	(6.67)	(11.00)

变量	Cash	
	（1）	（2）
Divratio	0.041***	0.039***
	(3.89)	(6.02)
Wage	0.001	0.002
	(0.19)	(0.46)
Dual	0.017**	0.005
	(2.27)	(1.11)
Shr1	0.019	0.068***
	(0.94)	(5.26)
Year/Ind	Yes	Yes
N	7066	16897
R²	0.320	0.249

注：***、**、*分别表示回归系数在1%、5%、10%的置信水平显著。

模型（4-2）的回归结果如表4-6所示。Post×Treat 前面的系数 α_3 应是我们重点关心的，因为它是把产业政策扶持带给企业现金持有水平影响的混杂因素都剔除掉后的一种净效应，根据表4-6的列（1）～（3）中在未控制任何变量、只控制了年份和行业、加入了所有控制变量并控制了年份和行业后的回归结果可以看出，α_3 至少在5%显著性水平为正，当企业不受"十二五"规划影响而受"十三五"规划影响时，企业的现金持有水平显著更高，这和前文的检验结果一致。

表4-6 "十三五"规划与现金持有：双重差分的回归结果

变量	Cash		
	（1）	（2）	（3）
Constant	0.275***	0.254***	0.475***
	(80.58)	(5.85)	(8.14)

续表

变量	Cash		
	（1）	（2）	（3）
Post	−0.033***	−0.116***	−0.106***
	（−8.11）	（−12.75）	（−12.76）
Treat	−0.030	0.071	0.100**
	（−1.61）	（1.56）	（2.39）
Post×Treat	0.002**	0.009**	0.001***
	（2.09）	（2.41）	（3.03）
Size			−0.006***
			（−2.93）
Lev			−0.393***
			（−28.98）
Age			−0.011***
			（−4.05）
Grow			−0.009**
			（−2.21）
Roe			0.358***
			（9.96）
Cfo			0.364***
			（10.99）
Divratio			0.039***
			（6.04）
Wage			0.002
			（0.46）
Dual			0.005
			（1.11）
Shr1			0.068***
			（5.26）
Year/Ind		Yes	Yes
N	16897	16897	16897
R^2	0.004	0.126	0.249

注：括号中报告的是 t 值，***、**、*分别表示回归系数在1%、5%、10%的置信水平显著。

即使我们使用双重差分的方法，检验的依然还是产业政策和现金持有的平均效应，为了考虑产业政策对现金持有的影响随着时间变动的差异，借鉴孟庆玺等（2016）的研究，考虑了"十三五"规划对企业现金持有的时间动态效应，建立模型（4-3），其中 D 为年度虚拟变量，取值 2016~2019 年，α_3 分别是每一个年度"十三五"规划给企业现金持有水平带来的净处理效应。其他变量与模型（4-2）保持一致。

$$Cash = \alpha_0 + \alpha_1 Post + \alpha_2 Treat + \alpha_3 \sum D \times Treat + \sum Control + \varepsilon \qquad (4-3)$$

年度动态效应检验如表 4-7 所示。从表 4-7 的回归结果可以看出，"十三五"规划对现金持有水平的正向作用呈现先上升后下降的趋势，而且在 2017 年、2018 年的负向影响都呈现统计显著，符合政策影响的时间动态规律。

表 4-7 "十三五"规划对公司现金持有的年度动态效应

变量	Cash
	（1）
Constant	0.475***
	（8.14）
Post	-0.106***
	（-12.76）
Treat	0.100*
	（2.39）
Treat_t1	0.002
	（1.05）
Treat_t2	0.004**
	（2.13）
Treat_t3	0.017***
	（4.59）
Treat_t4	0.018
	（1.49）

续表

变量	Cash
	（1）
Post×Treat	−0.001
	（−0.03）
Size	−0.006**
	（−2.93）
Lev	−0.393***
	（−28.98）
Age	−0.011***
	（−4.05）
Grow	−0.009*
	（−2.21）
Roe	0.358***
	（9.96）
Cfo	0.364***
	（10.99）
Divratio	0.039***
	（6.04）
Wage	0.002
	（0.46）
Dual	0.005
	（1.11）
Shr1	0.068***
	（5.26）
Year/Ind	Yes
N	16897
R^2	0.2533

注：括号中报告的是 t 值，***、**、*分别表示回归系数在1%、5%、10%的置信水平显著。

（三）稳健性检验

为了获得可靠结论，本章对产业政策与公司现金持有关系进行了稳健性检验。

1. 内生性检验

（1）倾向得分匹配法（PSM）。为了避免产业政策影响公司现金持有可能存在的非随机干扰所导致的内生性问题，采用倾向得分匹配（PSM）法进行了内生性检验（Fan et al, 2017），鉴于公司规模、企业负债比率、公司年龄、企业成长性、企业净资产利润率和现金流量可能同时影响公司现金持有水平，因此选取以上协变量并进行较严格的无放回一对一匹配。根据匹配前后的密度函数图比较，PSM 匹配效果较好（密度函数见图 4-2）。PSM 的检验结果如表 4-8 的列（1）所示，产业政策在 1% 的显著性水平与公司现金持有水平呈正相关关系，PSM 内生性检验得到了与前文一致的回归结果。

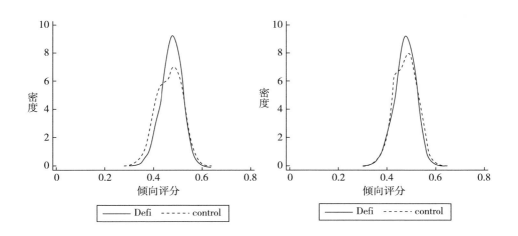

图 4-2　密度函数：产业政策与现金持有

表 4-8　稳健性检验：产业政策与现金持有

变量	Cash	Cash	（3）	Cash
	PSM（1）	Heckman（2）	替换被解释变量（3）	随机删除 10%样本（4）
Constant	0.447***	0.660***	0.242***	0.453***
	（9.99）	（10.43）	（11.93）	（9.82）
IP	0.028***	0.076**	0.014***	0.029***
	（6.82）	（2.40）	（7.21）	（6.86）
Imr		-0.044**		
		（-2.38）		
Size	-0.002	-0.005*	-0.002**	-0.003
	（-1.06）	（-1.66）	（-2.44）	（-1.56）
Lev	-0.422***	-0.428***	-0.191***	-0.438***
	（-36.52）	（-21.87）	（-36.10）	（-36.05）
Age	-0.038***	-0.045***	-0.017***	-0.037***
	（-12.79）	（-8.12）	（-14.06）	（-13.23）
Grow	-0.007*	-0.005	-0.003	-0.007*
	（-1.88）	（-1.06）	（-1.60）	（-1.89）
Roe	0.307***	0.303***	0.148***	0.307***
	（10.63）	（6.56）	（11.04）	（10.12）
Cfo	0.370***	0.306***	0.191***	0.369***
	（13.62）	（7.92）	（15.32）	（13.07）
Divratio	0.046***	0.022**	0.020***	0.041***
	（8.00）	（2.45）	（7.37）	（7.00）
Wage	0.000	-0.002	0.004***	0.003
	（0.10）	（-0.42）	（3.00）	（0.96）
Dual	0.010**	0.003	0.003*	0.009**
	（2.35）	（0.41）	（1.78）	（2.05）
Shr1	0.054***	0.027	0.024***	0.049***
	（4.77）	（1.51）	（4.41）	（4.12）
Year/Ind	Yes	Yes	Yes	Yes
N	6832	7040	23304	20969
R^2	0.281	0.286	0.282	0.281

注：括号中报告的是 t 值，***、**、*分别表示回归系数在 1%、5%、10%的置信水平显著。

（2）Heckman 内生性检验。产业政策对公司现金持有水平的影响也可能存在样本自选择问题，为缓解这种内生性，用两阶段回归控制潜在的自选择问题对实证结果的影响（Heckman，1979）。第一阶段为进一步探究影响上市公司受产业政策扶持的影响因素，通过 Probit 模型计算出上市公司受产业政策扶持的概率，即逆米尔斯比率（Inverse Mills Ratio），然后将其作为控制变量加入第二阶段的回归模型中。HECKMAN 内生性检验结果如表4-8的列（2）所示，产业政策在5%的显著性水平与公司现金持有水平呈正相关关系，HECK-MAN 内生性检验依然得到了与前文一致的回归结果。

2. 其他稳健性检验

除内生性检验外，本章还进行了产业政策影响公司现金持有的其他稳健性检验。①使用期末货币资金/总资产（Cash1）作为被解释变量的替代变量重新进行检验；②随机删除了总样本的10%重新进行检验，其他稳健性检验均得到了与前文一致的结论，结果如表4-8的列（3）和列（4）所示。

（四）横截面分析

作为企业一种重要的战略资源，公司现金持有水平还会受到企业管理层特征的影响（杨兴全和张玲玲，2017）；本章将针对不同情境下产业政策与公司现金持有水平是否存在差异进行横截面分析，从管理层权力和内部公司治理层面探讨产业政策对公司现金持有水平影响的调节作用。

1. 管理层权力的横截面检验

与其他资产相比，现金具有最强的流动性，管理层可以更容易地将现金资源转换为私人收益（Myers & Rajan，1998）。管理层权力理论认为管理层有动机有能力利用权力进行寻租，如在职消费、过度投资、操纵自身薪酬等。管理层权力越高，其受到投资者和外部资本市场的监管就越弱，进行寻租的动机与能力可能越强。公司高管的在职消费水平与自由现金流有关，管理层权力越大的企业，在职消费水平越高（卢锐等，2008）。管理层利用权力进行过度投资是导致现金持有价值降低的原因之一（杨兴全等，2014）。因此，管理层权力越大的企业，其越符合"耗散假说"的掏空条件，管理层在机会主义动机下的现金滥用会激发更大程度的代理问题，从而导致企业过度投资、无效率并购等"耗散"行为的加剧。而此时，产业政策作为一种非正式的外部公司治理机制，会使受产业政策扶持企业受到资本市场上投资者的广泛关注，这加大了对公司管理层的监督力度。基于以上分析，管理层权力将会强化产业政策对公司现金持有水平的正向影响。

借鉴杨兴全和张玲玲（2017）对管理层权力不同维度变量的划分，并考虑数据的可得性，选择两职兼任情况、董事会规模、董事会独立性、CEO教育背景和CEO是否持股五个变量来衡量管理层权力，以构建一个综合反映管理层权力的变量（Power），该指标值越大，代表管理层权力越高。具体定义为：若董事长、CEO两职合一，Dual取1，否则取0；若董事会人数大于年度内行业中位数，Bosize取1，否则取0；独立董事占董事会人数比例小于样本均值，Inbo取值为1，否则取0；若CEO学历为博士，Edu取值为4，硕士取值为3，学士取值为2，专科取值为1，专科以下取值为0；若CEO持有本公司股份，Mana取值为1；否则为0。Power = Dual + Bosize + Inbo + Edu + Mana。本书按从小到大的顺序将Power进行排序，然后将样本等分成四组，选择第一组和第四组作为管理层权力较低组和较高组，同样利用模型（4-1）进行分组检验，检验结果如表4-9所示。

表4-9 管理者权力的横截面分析

变量	Cash	
	管理层权力较大组（1）	管理层权力较小组（2）
Constant	0.189**	0.414***
	(2.08)	(4.74)

变量	Cash	
	管理层权力较大组（1）	管理层权力较小组（2）
IP	0.045***	0.022
	(4.69)	(0.68)
Size	0.003	−0.006
	(0.53)	(−1.47)
Lev	−0.547***	−0.331***
	(−19.91)	(−13.10)
Age	−0.066***	−0.003
	(−10.00)	(−0.41)
Grow	−0.041***	0.003
	(−4.97)	(0.49)
Roe	0.145**	0.363***
	(2.19)	(5.97)
Cfo	0.612***	0.367***
	(9.78)	(6.03)
Divratio	0.062***	0.002
	(4.54)	(0.17)
Wage	0.023***	−0.004
	(3.03)	(−0.58)
Dual	0.008	0.027*
	(1.00)	(1.72)
Shr1	0.053*	0.087***
	(1.86)	(3.52)
Year/Ind	Yes	Yes
N	4649	4486
R^2	0.366	0.203

注：括号中报告的是 t 值，***、**、* 分别表示回归系数在 1%、5%、10%的置信水平显著。

从表 4-9 的检验结果可以看出，在管理者权力（Power）较大组，产业政策（IP）在 1%的显著性水平与现金持有（Cash）呈正相关关系；在管理者权力（Power）较低组，产业政策（IP）与公司现金持有水平（Cash）呈不显著的正相关关系。检验结果和上文分析一致，管理层较大组意味着管理层的现金"耗散"行为更严重而产业政策发挥的治理效应可能更大，管理层权力将会强化产业政策对公司现金持有水平的正向影响。

2. 内部公司治理的横截面检验

公司治理是指通过一套包括正式或非正式的、内部或外部的制度或机制，来协调公司与所有利益相关者之间的利益关系，以保证公司决策的科学化，从而最终维护公司各方面利益的一种制度安排（平田光弘和李维安，1998）。内部治理涉及股东（大）会、董事会、监事会和管理层等组织边界内部的治理主体之间权责配置和相互制衡安排，是一般公司治理的核心要素。有效的内部公司治理可以降低两类代理问题，从而抑制由此引发的公司过度投资行为和管理层在职消费（干胜道和胡明霞，2014）。当企业缺乏成熟有效的内部公司治理机制时，外部公司治理便可能成为低效内部公司治理的有效补充甚至替代，公司治理体系是一个内外部治理体系组成的有机系统，公司治理体系健康运行不仅依赖结构科学、运行高效的内部治理体系，而且受到内部治理机制运作的环境即外部治理的制约（李维安等，2019）。可见，内外部公司治理是相辅相成、相互补充的。当内部公司治理水平较差时，产业政策作为一种非正式外部治理，其治理效应将被进一步强化，从而更加利于缓解管理层的"耗散"性机会主义行为。

借鉴方红星和金玉娜（2013）的研究，本章从监督机制、激励机制两个层面构建了衡量内部治理机制的指标。选取大股东持股比例、第二至第五大股东持股比例、董事长与总经理是否两职合一和监事会会议次数作为监督机制的衡量指标；选取高级管理者持股比例、董事持股比例、领取薪酬的董事比例、领取薪酬的监事比例、监事持股比例、高管前三名薪酬作为激励机制的衡量指标，分别对上述公司治理两个层面的指标进行主成分分析，选取第一大主成分计算公司治理两个层面的算术平均值，并作为公司内部治理机制（Gov）的衡量指标。本书按从小到大的顺序将 Gov 进行排序，然后将样本等分成四组，选择第一组和第四组作为公司治理较低组和较高组，同样利用模型（4-1）进行分组检验，检验结果如表 4-10 所示。

表 4-10　内部公司治理的横截面分析

变量	Cash	
	内部治理水平较高组（1）	内部治理水平较低组（2）
Constant	0. 193 **	0. 696 ***
	(2. 20)	(5. 81)
IP	0. 028	0. 036 ***
	(1. 62)	(3. 17)
Size	0. 003	−0. 009 **
	(0. 93)	(−2. 17)
Lev	−0. 477 ***	−0. 420 ***
	(−20. 35)	(−18. 80)
Age	−0. 064 ***	−0. 017 ***
	(−12. 09)	(−3. 42)
Grow	0. 001	−0. 014 **
	(0. 11)	(−2. 08)
Roe	0. 203 ***	0. 454 ***
	(4. 13)	(6. 14)
Cfo	0. 538 ***	0. 322 ***
	(10. 79)	(5. 50)
Divratio	0. 056 ***	0. 023 **
	(5. 03)	(2. 21)
Wage	0. 018 ***	−0. 022 **
	(2. 77)	(−2. 48)
Dual	0. 010	0. 018 **
	(1. 26)	(2. 34)

变量	Cash	
	内部治理水平较高组（1）	内部治理水平较低组（2）
Shr1	0.025	−0.020
	(1.13)	(−0.86)
Year/Ind	Yes	Yes
N	5826	5826
R^2	0.336	0.280

注：括号中报告的是 t 值，***、**、* 分别表示回归系数在 1%、5%、10%的置信水平显著。

从表 4-10 的检验结果可以看出，在内部公司治理较低组，产业政策（IP）与公司现金持有水平（Cash）在 1%的显著性水平呈正相关关系；在内部公司治理水平较高组，其相关关系并不显著。检验结果和上文分析一致，内部公司治理较小组意味着管理层的"现金耗散"行为更严重而产业政策发挥的治理效应可能更大，较低的内部公司治理水平将会强化产业政策对公司现金持有水平的正向影响。

五、产业政策与现金持有：作用机制

（一）产业政策与现金持有：抑制过度投资与在职消费

基于前文分析，产业政策提升企业现金持有水平符合现金持有的"耗散假说"。产业政策能够强化资本市场的关注和监督进而能够对管理层形成强有力的监督与制约作用，从而抑制管理层的过度投资和在职消费行为。

借鉴杨兴全和尹兴强（2018）、杨兴全等（2020）的研究，本章使用超额持现滞后一期 Lresid 作为解释变量来反映现金流量增减变化的动态特性。同时参考 Harford 等（2008）、杨兴全和尹兴强（2018）、杨兴全等（2020）的模型设计，通过模型（4-5）检验产业政策是否通过抑制超额持现所诱发的过度投资和在职消费，迫使企业无效耗散的现金回流，进而提升公司现金持有水平。

$$Invest = \theta_0 + \theta_1 Lsize + \theta_2 Llev + \theta_3 Lage + \theta_4 Ltq + \theta_5 Lcash + \theta_6 Lroe +$$

$$\theta_7 Linvest + \sum Industry + \sum Year + \varepsilon \qquad (4-4)$$

$$Over/Perk = \beta_0 + \beta_1 Lresid + \beta_2 IP + \beta_3 IP \times Lresid + \beta_4 Size + \beta_5 Grow + \beta_6 Lev +$$

$$\beta_7 Nwc + \beta_8 Eps + \sum Industry + \sum Year + \varepsilon \qquad (4-5)$$

模型（4-4）中新增控制变量为公司规模、资产负债率、公司年龄、托宾 Q、现金持有量、净资产利润率、投资水平的滞后一期 Lsize、Llev、Lage、Ltq、Lcash、Lroe、Linvest。模型（4-5）中的 Over 为过度投资变量，参考 Richardson（2006）的模型，首先估算公司正常投资水平，然后用模型（4-4）估计回归残差，当残差>0 时，代表企业过度投资（Over），模型（4-5）中的 Perk 为在职消费变量，参考权小锋等（2010）、王化成等（2019）的研究，定义在职消费（Perk）为管理得用扣除董事、高管、监事薪酬和无形资产摊销后取对数。Lresid 为超额持现的滞后一期，IP×Lresid 为产业政策（IP）与超额持现滞后一期（Lresid）的交乘项，新增控制变量为净营运资本（Nwc）、每股收益（Eps）。假若产业政策能够显著减少因超额持现导致的过度投资和在职消费，预期模型（4-5）中产业政策与超额持现的交乘项（IP×Lresid）系数应显著为负。

表 4-11 和表 4-12 是产业政策是否通过抑制企业因超额持现所诱发的过度投资和在职消费进而提高现金持有的回归结果。从表 4-11 的列（1）和表 4-12 的列（1）的回归结果可以看出，企业超额持现显著增加了企业过度投资和在职消费。从表 4-11 的列（2）和表 4-12 的列（2）的回归结果同样可以

看出，产业政策与超额持现的交乘项（IP×Lresid）系数至少在5%的显著性水平上显著为负，意味着产业政策能够显著抑制"耗散假说"下企业高管超额持现所引发的过度投资和在职消费，有效发挥网络治理效应，进而提升公司现金持有水平。

表4-11　产业政策的治理效应：抑制过度投资

变量	Over	
	（1）	（2）
Constant	0.099***	0.100***
	（8.51）	（8.60）
Lresid	0.010***	0.014***
	（3.94）	（3.52）
IP		−0.004***
		（−3.20）
IP×Lresid		−0.006**
		（−2.11）
Size	−0.003***	−0.003***
	（−5.34）	（−5.00）
Grow	0.011***	0.011***
	（9.76）	（9.75）
Lev	−0.002	−0.003
	（−0.62）	（−0.77）
Nwc	−0.008***	−0.008***
	（−6.59）	（−6.54）
Eps	0.004***	0.003***
	（4.24）	（3.98）
Year/Ind	Yes	Yes
N	9070	9070
R^2	0.105	0.106

注：括号中报告的是 t 值，***、**、*分别表示回归系数在1%、5%、10%的置信水平显著。

表4-12　产业政策的治理效应：抑制在职消费

变量	Perk	
	（1）	（2）
Constant	0.117***	0.117***
	（25.59）	（25.55）
Lresid	0.001**	0.004***
	（2.39）	（3.31）
IP		−0.002**
		（−2.18）
IP×Lresid		−0.006***
		（−3.27）
Size	−0.005***	−0.005***
	（−27.68）	（−27.17）
Grow	−0.002***	−0.002***
	（−4.28）	（−4.23）
Lev	0.004***	0.004***
	（3.38）	（3.20）
Nwc	−0.001**	−0.001**
	（−2.33）	（−2.22）
Eps	0.004***	0.004***
	（6.34）	（6.15）
Year/Ind	Yes	Yes
N	23304	23304
R^2	0.061	0.061

注：括号中报告的是 t 值，***、**、*分别表示回归系数在1%、5%、10%的置信水平显著。

（二）产业政策与现金持有：超额持现的二次分配

由上文分析可知，产业政策能够抑制现金持有"耗散假说"下的企业过度投资和在职消费，提升企业现金持有水平。那么产业政策引致的现金增持又会用于何种用途呢？是否会用于能够提升企业长期价值的创新行为和股利支付行为？虽然信息不对称下，公司保持充裕现金留存有助于企业捕捉投资机会或应对未知经营风险，但从某种意义上来说，公司较多的现金留存同时意味着低收益并可能加剧潜在的代理冲突。因此，如果公司留存现金在满足捕捉投资机会和风险控制后仍有剩余，则超额持现用于企业创新和返还股东将会最大化股东价值进而提升企业长期价值。本章进一步将模型（4-5）中的被解释变量替换为经年度行业中值调整后的企业创新投入占营业收入比重（ΔRd）和股利支付率（ΔDiv）（杨兴全和尹兴强，2018；杨兴全等，2020），纵深检验有利于进一步探究产业是否能够有效发挥其治理效应进而优化现金的二次配置。

对企业超额持现二次分配的纵深检验结果如表 4-13 所示，其中，列（1）、列（2）是对企业超额持现是否用于企业创新的回归结果，列（3）、列（4）是对企业超额持现是否用于股利支付的回归结果，如列（1）、列（3）所示，超额持现均能提升企业的创新投入和股利支付；列（2）、列（4）的回归结果显示，产业政策影响下的超额持现能显著提升企业的创新投入和股利支付，优化资金使用效率。基于以上分析，产业政策能够进一步发挥治理作用，将增持现金用于企业创新和股利支付，产业政策能够优化现金二次配置，显著提升企业创新能力并将超额现金返还股东，从而有可能进一步提升企业价值。

表 4-13　超额持现的二次分配

变量	ΔRd		ΔDiv	
	(1)	(2)	(3)	(4)
Cons	0.043***	0.045***	−0.426***	−0.418***
	(4.33)	(4.55)	(−8.79)	(−8.60)
Lresid	0.003***	0.002**	0.031***	0.021***
	(3.91)	(2.30)	(7.81)	(4.41)
IP		0.001		−0.014***
		(1.21)		(−2.74)

变量	ΔRd		ΔDiv	
	（1）	（2）	（3）	（4）
IP×Lresid		0.004**		0.024***
		(2.43)		(3.01)
Size	−0.001**	−0.001***	0.032***	0.032***
	(−2.45)	(−3.04)	(17.01)	(16.97)
Grow	−0.003***	−0.003***	−0.051***	−0.051***
	(−3.80)	(−3.76)	(−15.17)	(−15.26)
Lev	−0.051***	−0.050***	−0.310***	−0.309***
	(−22.01)	(−21.80)	(−24.52)	(−24.40)
Nwc	−0.003***	−0.003***	0.027***	0.027***
	(−3.06)	(−3.18)	(5.44)	(5.40)
Eps	0.000	0.000	−0.018***	−0.018***
	(−1.08)	(−0.74)	(−5.45)	(−5.39)
Year/Ind	Yes	Yes	Yes	Yes
N	13919	13919	23304	23304
R^2	0.0930	0.0940	0.0510	0.0520

注：括号中报告的是 t 值，***、**、*分别表示回归系数在 1%、5%、10%的置信水平显著。

六、产业政策、现金持有与企业价值

依上文分析可知，产业政策作为一种非正式外部公司治理机制，一方面，能够有效抑制企业因超额持有现金所诱发的过度投资和在职消费增加公司现金持有，减少现金无效损耗；另一方面，产业政策引致的企业现金增持能够二次分配用于企业创新行为，优化了资金配置效率，显著提升企业创新能力，而企业创新行为作为企业价值创造的有效手段必定能够提升企业价值。因此，产业政策以及产业政策影响下的现金增持可以显著提升企业长期价值。借鉴杨兴全和尹兴强（2018）、杨兴全等（2020）的研究，构建模型（4-6）来进一步探究产业政策及产业政策影响下的现金增持对企业价值的影响，以此折射产业政策的有效性。

$$Mv = \beta_0 + \beta_1 Lresid + \beta_2 Degree/Between/Close/Eigen + \beta_3 D/B/C/E \times Lresid + \beta_4 Size +$$

$$\beta_5 Grow + \beta_6 Lev + \beta_7 Nwc + \beta_8 Eps + \sum Industry + \sum Year + \varepsilon \qquad (4-6)$$

模型（4-6）中的 Mv 代表企业价值，分别由托宾 Q（Tq）和经年度行业中值调整的 ΔTq 表示，其他解释变量和控制变量定义如模型（4-5）所示，相关回归结果如表 4-14 所示。从表 4-14 的列（1）～（4）可以看出，产业政策均能显著提升企业价值，在列（2）和列（4）的回归结果中，产业政策（IP）与超额持现（Lresid）的交叉项系数（IP×Lresid）均显著为正，产业政策能够提升公司现金持有价值。

表 4-14 产业政策、现金持有及现金持有价值

变量	Tq		ΔTq	
	（1）	（2）	（3）	（4）
Constant	15.474***	15.111***	11.925***	11.551***
	（60.97）	（59.43）	（48.27）	（46.79）
IP	0.151***	0.092***	0.113***	0.058**
	（6.37）	（3.93）	（4.93）	（2.55）
Lresid		0.299***		0.297***
		（11.29）		（11.66）
IP×Lresid		0.279***		0.231***
		（6.45）		（5.54）
Size	−0.539***	−0.525***	−0.531***	−0.517***
	（−45.04）	（−43.94）	（−45.59）	（−44.52）
Grow	0.242***	0.247***	0.212***	0.217***
	（10.04）	（10.27）	（8.96）	（9.20）

续表

变量	Tq		ΔTq	
	（1）	（2）	（3）	（4）
Lev	−1.035***	−1.035***	−0.930***	−0.923***
	（−15.52）	（−15.43）	（−14.22）	（−14.03）
Nwc	0.061**	0.040*	0.078***	0.055**
	（2.47）	（1.65）	（3.22）	（2.28）
Eps	0.368***	0.349***	0.351***	0.331***
	（10.25）	（10.01）	（11.10）	（10.87）
Year/Ind	Yes	Yes	Yes	Yes
N	23304	23304	23304	23304
R²	0.454	0.458	0.255	0.260

注：括号中报告的是 t 值，＊＊＊、＊＊、＊分别表示回归系数在 1%、5%、10%的置信水平显著。

七、本章小结

（一）研究结论

对于处在新兴转轨时期的我国来说，制度层面的因素是影响我国企业决策行为的重要因素之一，并日益成为研究企业投融资行为的热点话题，因此，从制度层面对企业现金持有行为进行研究比较符合我国的实际情况。我国是一个重视使用产业政策调控经济的国家（舒锐，2013），产业政策作为政府调控经济的一种重要形式，起到引导社会资金流向、优化资源配置的作用，从而推进产业结构的调整，促进经济转型升级。基于我国沪深两市 A 股 2007~2019 年上市公司面板的经验证据表明：产业政策能够显著提升公司现金持有水平；产业政策对公司现金持有水平的正向影响在管理层权力较高组及内部公司治理水平较低组更加显著；作用机制发现，产业政策对现金持有水平的正向影响主要源于产业政策抑制了管理层的过度投资和在职消费进而缓解了现金持有的"耗散假说"而引致的治理效应的有效发挥；此外，本章还发现产业可以通过提升企业创新水平、分配股利进而优化超额持现的再次分配并提升企业价值。本章证实了产业政策提升企业现金持有水平源自有效的治理效应，丰富了现金持有的影响因素研究和产业政策的后果研究。

（二）政策建议

本章实证研究发现产业政策能够显著增加企业的现金持有量，在此基础上引入管理层权力和内部公司治理两个调节变量，考察不同条件下产业政策对现金持有的影响，并进一步检验了产业政策提升企业现金持有的作用机制。结合研究结论，本章从企业和政府两个视角提出以下建议：

1. 从企业角度来看

（1）企业应关注国家宏观产业政策，改善现金持有决策。受到产业政策支持的企业能够改善融资环境，缓解融资约束，提升企业外部监督从而提升企业现金持有水平。企业在经营的过程中应该重视外部宏观产业政策的影响，合理利用产业政策带来的优惠，及时改善现金持有决策，将现金资产发挥更大的价值。另外，产业政策的调整会影响企业的融资环境和现金持有，企业应积极响应国家发展规划的要求，科学合理地实行产业结构转型升级，与社会形成良性互动，将企业留存的现金用于有价值的投资，获得长期、稳定的发展。

（2）企业管理层要结合自身实际情况，合理评估产业政策对现金持有决策的影响。现金作为公司流动性最强、收益性最低的资产，缺乏充足的现金，特别是面临融资约束的企业，就容易陷入财务困境，面临破产风险。对处于融资劣势的非国有企业应持有较多的现金预防不确定性风险，并及时抓住产业政策支持带来的资源和融资优势，降低企业经营风险，提高企业价值。对处于产品市场竞争激烈行业的企业来说，要合理评价企业面临的不确定性风险和投资机会，谨慎调整现金持有决策。

2. 从政府角度来看

（1）合理制定产业政策，使其最大限度地发挥资源配置功能。国家产业政策的出台往往伴随信贷调控等扶持手段，在一定程度上会影响企业的现金持有行为，而且产业政策的扶持在不同企业中产生的影响不同，因此政府制定产业政策时应该充分考虑行业竞争和产权性质的差异，将产业政策进行细化，使其符合实际情况进而最大限度地发挥资源配置功能。

（2）政府应定期评估产业政策的经济后果，及时修正。政府相关部门要定期对产业政策的经济后果进行评估，将企业现金持有作为一个考核指标，及时修正，确保产业政策能够通过有效的传导途径引导微观企业的现金决策行为，从而更好地发挥产业政策良好引导作用。

第五章 产业政策与企业投资：
企业创新

一、引言

政府通过实行产业政策达到调控经济的目的，产业政策对于经济的影响极其广泛，涉及国计民生的各个方面。产业政策在发达国家十分盛行，如日本、美国、欧盟。产业政策是政府促进微观经济发展的具体表现，在推动国家发展的进程中起到了重要作用，并取得了广泛认可的成绩。例如，美国于2011年针对制造行业制订的"先进制造伙伴计划"、"先进制造业国家战略计划"；日本为提倡节能减排，发展新一代汽车而提出的"日本新一代汽车战略"；德国旨在稳固工业强国地位，推动工业智能化发展发布的"关于实施工业4.0战略的建议"。政府可以通过制定产业政策来影响个人行为，政策的制定是不同利益集团博弈的结果。不同的利益集团会通过游说政府机构或立法者等方式，试图获得最大的利益。美国许多中小团体为获取政策支持，甚至可能结成利益联盟游说立法者。也有相关企业在形成产业联盟后，为争取行业优势汇集整个行业的力量向决策者施压。中国是推行产业政策较多的国家。中国的第一份产业政策文件可以追溯至 1989 年国务院发布的《关于当前产业政策要点的决定》，1994 年颁布的《90 年代国家产业政策纲要》则是第一个在市场经济条件下制定的产业政策文件。致力于国家的经济发展和结构调整的"五年规划"是借产业政策为国内经济发展提供指导和方向。但是，产业政策的有效性在学术界和实践中一直存在争议。支持者认为，从外部协调的角度来看，产业政策是必不可少的；但也有人对此提出反对意见，问题的关键在于产业政策的选择，而不是产业政策的有效性。林毅夫（2012）提出，市场和政府的作用对于一个国家的经济发展来说是不可或缺的，两者并不冲突。但是其他学者认为，产业政策可能不会产生相同的效果。江小涓（1991）认为，政府干预主义的产业政策在中国的经济环境下会水土不服，因为许多行业的发展就是依靠摆脱干预，如果政府对这些行业进行干预，那么这些产业将停滞不前。

目前，中国经济发展进入新常态，以往粗放式、投资拉动式的发展模式所累积的矛盾逐渐成为经济发展的瓶颈，推动经济增长向创新驱动模式转变刻不容缓。"十三五"规划指出，创新是发展的第一动力，必须置于国家整体发展的核心。党和国家要为创新的推进提供持续的动力，不局限于科学技术，还应涉及理论、制度、文化等多个方面。企业作为创新的主体，具有效率高、成本低以及创新多样的特征，是推动经济转型的关键主体。对于发展中国家，尤其是像中国这样处在工业加速发展阶段的国家，当前最重要的课题就是调动企业开展创新活动的积极性，提升企业创新的效率。鉴于此，学术界和政府对于企业的创新尤为重视，从微观企业出发检验产业政策，对于经济结构优化和升级的影响逐渐成为研究产业政策的绝佳视角（黎文靖和郑曼妮，2016）。截至 2011 年底，我国发明专利授权数量已经高于国外在我国发明专利拥有数量，但我国的创新形势仍不容乐观。一是因为资源紧缺、融资困难，这主要是由于创新活动具有周期长、不确定性大的特点；二是我国当前关于知识产权保护的法规和条例的不完善，导致企业的创新成果容易被模仿和窃取，增强了创新活动的外部性。一个没有创新成果的企业可以通过这种手段获取其他企业的技术创新成果，从中谋利，使进行技术创新的企业无法得到应有的创新回报。政府则在资源配置方面起着重要作用，其推行的产业政策对以上两个方面创新劣势具有重要影响。

微观企业是实现宏观经济政策目标的主要参与者。研究宏观产业政策对微观企业行为的影响将有助于加深对产业政策的理解并优化产业政策。从微型企业的角度来看，有关产业政策实施效果的文献主要限于融资和投资效率。因此从实证角度检验产业政策对微观企业创新的影响是一个亟须研究的重要问题。

本章预期将对已有研究做出如下补充：①分别从企业层面、行业层面和市场层面三个维度考察了产业政策对企业创新的横截面调节作用，更加综合和全面地反映了产业政策影响企业创新的适用条件，不同情境下产业政策对企业创新的影响使研究结论更有助于创新企业进行对照和参考，采取适合自身发展的创新投资行为。②在检验产业政策影响企业创新的信息资源效应时，验证了融资约束的存在和产业政策对融资约束的缓解作用，并进一步厘清了具体的融资约束缓解方式（扩大银行贷款、强化商业信用以及降低股权融资成本）；在检验信息的治理效应时，采取了综合的信息透明度以及企业创新信息集指标，这一分析脉络使产业政策对企业创新影响的作用机制更加清晰和完整，为政府和企业正确引导产业政策发挥良好促进作用提供一定的理论借鉴与实证依据。

二、理论分析

（一）产业政策、资源效应与企业创新

技术创新作为企业所有内部活动中风险最高的一种，其实施过程需要企业投入大量资源。从资源依赖理论来看，企业的创新活动受其所能获得的资源约束影响巨大，企业创新具有较大风险和成本，需要有效率的外部资源支持（许强等，2019）。我国产业政策的实施思想主要体现在每隔五年颁布的"五年规划"文件中，具体而言包括对国民经济中的重要比例关系进行规划以及确定各产业部门的发展和结构调整目标，明确需要鼓励支持发展和限制发展的产业部门，在此基础上，各职能部门通过出台具体的包括目录指导、项目审批、市场准入限制、直接补贴、税收优惠及经营特许权等在内的手段来强化五年规划中的产业政策思想。在技术创新方面，我国企业存在的融资约束问题使企业在自主创新能力方面还远远达不到现实经济发展的需求水平（张杰等，2011）。在鼓励企业技术创新行为方面，政府会通过财政手段强化产业政策的实施，主要包括政府补贴、所得税税收优惠、信贷审批优惠及IPO上市融资等优惠政策，也包括对研发投入固定资产的加快累计折旧和创新投入费用的加计扣除等税收手段，而各国最为普遍使用的则是政府补贴和税收优惠手段。因此，当企业所属的行业部门属于被产业政策鼓励支持发展的部门分类时，则可获取大量的政府补贴和税收优惠等政策扶持，其在技术创新活动中面临的融资约束难题得以缓解，技术创新的经费投入也会有所增加（宋凌云和王贤彬，2013）。由此而来，受产业政策扶持的企业，能够吸引更多

投资者以及潜在客户的关注，进而带给企业更多稀缺资源的注入，产业政策有利于提升企业的研发资金投入量，从而有效缓解企业融资约束，提升企业创新水平。

（二）产业政策、信息治理与企业创新

企业技术创新因存在严重信息不对称极易诱发代理问题进而导致创新效率较低，产业政策通过促进信息在资本市场中的流动与传递将帮助企业获取关键信息优势（李维安等，2017）、减小信息不对称（郭白滢和李瑾，2019）、带来更多经济利益交换以及传播创新模式等多种信息效应进而作用于公司投融资及创新行为。在中国，产业政策的实施产生了明显的收益和效果，政策性贷款、政府补助、税收优惠等具体措施能够在一定程度上影响企业的生产和经营。产业政策给予扶持行业更多政策优惠，也会引来外界的更多关注与监督。根据监督效应假说，处于政策扶持行业中的上市公司，往往会给外界传递出其未来发展前景较乐观的有利信号，从而会受到投资者以及媒体的更多关注，同时政府也会加强对企业资金使用的监督，使受扶持企业的外部监督压力增大，而市场关注度上升会促使上市公司提高信息披露质量（张纯和吕伟，2007）。当企业属于产业政策扶持行业时，将面临更多的外界监督，从而可能迫使其提高信息披露质量，提升企业信息透明度。因此，产业政策可通过提高信息透明度，以提升企业信息的全面性、准确性和及时性，降低信息不对称（郭白滢和李瑾，2019），从而发挥正向增加研发投资的信息治理效应（刘柏和徐小欢，2019），有效提升企业创新水平。

产业政策可以通过两个方面影响企业创新：一是受产业政策扶持的企业，更能吸引更多投资者以及潜在客户的关注，带给企业更多稀缺资源的注入，从而有效缓解企业融资约束，提升企业创新水平；二是受产业政策扶持企业，更能强化更多相关利益者监督，降低信息不对称，从而有效提高公司信息透明

度，提升企业创新水平。因此，本书提出以下假设：

H5-1：产业政策能够促进企业创新水平的提升。

三、研究设计与变量定义

（一）样本选择与数据来源

中国证监会于 2007 年对上市公司创新支出和专利披露做出规范，因此大多数上市企业从 2007 年开始披露其创新支出和产出的情况。因此本书研究的样本区间为 2007~2019 年，对样本进行如下处理：①剔除金融保险类公司样本；②剔除被 ST 类公司的参股样本；③剔除有关财务或治理数据缺失的样本；④为消除极端数据对结果的影响，对所有连续变量进行了 1% 和 99% 水平上的缩尾处理。最终，共获得 19037 个年度—公司数据。企业创新数据来自 CSMAR 数据库和 CNRDS 数据库的多库合并，上市公司财务与公司治理数据来源于 CSMAR 数据库。本书使用 STATA16.0 进行统计分析。

（二）计量模型构建

本书的被解释变量为企业创新投入（Rd）和企业创新产出（Patent），分别取自未来一期企业创新投入占营业收入比重的自然对数和未来一期企业联合授权发明专利加 1 的自然对数。产业政策与企业创新采用控制年份和行业的 OLS 回归。本章构建模型（5-1）以检验产业政策对企业创新的影响。

$$Rd/Patent = \alpha_0 + \alpha_1 IP + \alpha_2 Size + \alpha_3 Lev + \alpha_4 Grow + \alpha_5 Roa + \alpha_6 Cash + \alpha_7 Age + \alpha_8 PPe +$$

$$\alpha_9 Shr1 + \alpha_{10} Mshare + \alpha_{11} Insratio + Year + Firm + \varepsilon \qquad （5-1）$$

（三）变量定义

1. 创新水平（Rd/Patent）

选取企业研发投入占营业收入的比重作为创新投入（Rd）的代理变量衡量创新投入水平；由于发明专利申请的增加才能推动技术进步、获取竞争优势和提高企业市场价值（黎文靖和郑曼妮，2016），本章选取企业未来一期联合授权发明专利加 1 的自然对数作为企业创新产出水平（Patent）的代理变量。

2. 产业政策（IP）

参考祝继高等（2015）、杨兴全等（2018）的方法，采用"五年规划"中行业的发展规划来界定是否受产业政策扶持，将"规划"中国家明确鼓励和重点支持的行业认定为产业政策扶持行业，并设置虚拟变量 IP，根据证监会 2001 年行业分类进行匹配，行业分类的三级代码符合前述产业政策扶持条件的，行业内企业受产业政策扶持，IP＝1，否则为产业政策非扶持行业企业，IP＝0。

3. 控制变量

参考曹春方和张超（2020）的研究，选取公司规模（Size）、负债比率（Lev）、企业成长性（Grow）、总资产利润率（Roa）、现金持有水平（Cash）、公司年龄（Age）、资本支出（PPe）、第一大股东持股比例（Shr1）、管理层持股比例（Mshare）、机构投资者持股比例（Insratio）作为控制变量，同时考虑行业和年度的影响。具体变量定义如表 5-1 所示。

表 5-1　变量定义及说明：产业政策与企业创新

变量类型	变量符号	变量名称	变量定义
被解释变量	Rd	创新投入	未来一期创新投入占营业收入比重的对数
	Patent	创新水平	未来一期联合授权发明专利+1 的对数
解释变量	IP	IP	是否受产业政策扶持

变量类型	变量符号	变量名称	变量定义
	Size	资产规模	年末资产总额的对数
	Lev	负债比率	负债总额/年末资产总额
	Grow	企业成长性	营业收入增长率
	Roa	总资产利润率	净利润/总资产
	Cash	现金持有水平	年末现金及等价物余额/年末总资产
控制变量	Age	公司年龄	公司成立年数的自然对数
	PPe	资本支出	经资产调整后的资本性支出
	Shr1	第一大股东持股比例	第一大股东持股/股本
	Mshare	管理层持股比例	管理层持股量/流通股数量
	Insratio	机构持股比例	机构持股数量/流通股数量
	Year	年份虚拟变量	控制不同年份经济因素的影响
	Ind	行业虚拟变量	控制不同行业的影响

四、实证结果与分析

（一）描述性统计

对样本变量进行描述性统计有助于从整体上初步认识和分析各变量的相关关系。表 5-2 列示了主要变量的描述性统计结果。企业创新投入（Rd）的均值为 0.031，最大值为 0.224；企业创新水平（Patent）的均值为 0.939，最大值为 5.069，说明企业整体创新水平不高，而不同企业间的创新水平也具有一定差距。IP 的均值为 0.475，说明在样本中，有 47.5% 的公司受到了产业政策的扶持。

表 5-2　基本描述性统计：产业政策与企业创新

变量名称	样本量	均值	标准差	最小值	最大值
Rd	19037	0.031	0.041	0.000	0.224
Patent	19037	0.939	1.279	0.000	5.069
IP	19037	0.475	0.499	0.000	1.000
Size	19037	22.147	1.268	19.971	26.086
Lev	19037	0.416	0.196	0.053	0.843
Grow	19037	0.201	0.353	−0.467	2.140
Roa	19037	0.052	0.040	−0.036	0.192
Cash	19037	0.169	0.126	0.013	0.618
Age	19037	1.829	0.955	0.000	3.367
PPe	19037	0.055	0.049	0.000	0.232
Shr1	19037	0.3556	0.148	0.090	0.749
Mshare	19037	0.126	0195	0.000	0.676
Insratio	19037	0.071	0.077	0.000	0.352

表 5-3 报告了产业政策与企业创新的单变量检验结果，按照是否受产业政策扶持的均值检验结果，企业创新投入（Rd）与企业创新产出（Patent）在受产业政策扶持组中显著大于非产业政策扶持组。初步检验结果认为，产业政策能够提升公司创新水平。

表 5-3　单变量检验：产业政策与企业创新

变量	IP = 1	IP = 0	变量	IP = 1	IP = 0
Rd	0.0379	0.0249	Patent	1.1745	0.7258
T	22.4073		T	24.5573	
N	9041	9996	N	9041	9996

（二）基本检验结果

表 5-4 报告了产业政策对公司创新水平的回归结果。其中，列（1）中产

业政策（IP）与企业创新投入（Rd）的回归系数为 0.004，并且在 1% 的显著性水平呈正相关关系，列（2）中产业政策（IP）与企业创新产出（Patent）的回归系数为 0.126，也在 1% 的显著性水平呈正相关关系，即受到产业政策扶持的企业，创新水平更高。因此，产业政策显著提升了企业的创新水平，H5-1 得到验证。

表 5-4　产业政策与企业创新

变量	Rd	Patent
	（1）	（2）
Constant	0.032***	-9.950***
	(6.00)	(-48.74)
IP	0.004***	0.126***
	(6.80)	(6.33)
Size	-0.000**	0.436***
	(-2.18)	(45.43)
Lev	-0.034***	-0.128**
	(-20.91)	(-2.33)
Grow	-0.001**	-0.098***
	(-2.34)	(-4.65)
Roa	-0.045***	1.122***
	(-6.14)	(5.07)
Cash	0.015***	-0.0760
	(6.09)	(-1.14)
Age	-0.004***	0.040***
	(-12.97)	(3.76)
PPe	0.036***	0.190
	(7.07)	(1.19)
Shr1	-0.011***	0.146***
	(-7.28)	(2.64)
Mshare	0.010***	-0.092**
	(5.82)	(-1.97)

变量	Rd	Patent
	（1）	（2）
Insratio	0.027***	0.293***
	（8.61）	（2.78）
Year/Ind	Yes	Yes
N	19037	19037
R^2	0.514	0.413

注：括号中报告的是 t 值，*** 、** 、* 分别表示回归系数在 1%、5%、10%的置信水平显著。

以上模型主要通过平均效应来检验产业政策对企业创新水平的影响。为考察"十三五"规划的影响，本章利用"十三五"规划的出台这一外生政策影响，选取 2012~2019 年沪深 A 股上市公司的样本数据，构建如下模型（DID 模型）：

$$Rd/Patent = \alpha_0 + \alpha_1 Post + \alpha_2 Treat + \alpha_3 Post \times Treat + \sum Control + \varepsilon \qquad (5-2)$$

Post 在 2011 年以前取 0，2011 年及以后取 1，Treat 用来区分实验组和控制组，借鉴孟庆玺等（2016）的做法，如果某一行业不受"十二五"规划影响而受"十三五"规划影响，此时 Treat 取 1，作为实验组，如果某一行业都不受两个"五年规划"影响，此时 Treat 取 0，作为控制组。双重差分使用个体数据而非简单的样本均值变化考虑政策影响，从而判断政策影响是否具有显著的统计意义。双重差分可以避免因变量和自变量的互相影响以及政策作为自变量所带来的内生性，相对于传统研究政策影响的方法更加稳健。但是实验组如果没有受到政策影响，应保持与控制组相似的时间和趋势效应，要求双重差分模型使用时必须满足"平行趋势假定"这一基本前提。本章采用两种方法进行平行趋势检验。第一种采用陈胜蓝和马慧（2017）的方法，选取 2015 年之前的样本，比较实验组和控制组在"十三五"规划之前的创新水平差异，表 5-5 的列（1）提供了相关检验结果，在控制其他变量后，Treat 的回归系数没有通过显著性检验，表明在"十三五"规划之前，受产业政策扶持和不受产业政策扶持企业创新水平没有显著差别，因此初步认为实验组和控制组在"十三五"规划之前具有平行趋势。第二种方法是在错层的准自然实验中借鉴Serfling（2016）的做法，将行业是否受"十三五"规划扶持按时段进行区分并设置相应虚拟变量，Treat2 代表 2012 年行业是否受"十三五"规划扶持的虚拟变量，如果 2012 年行业受"十三五"规划扶持，Treat2 取 1，否则取 0。其他年份虚拟变量依次类推。表 5-5 的列（2）提供了相应的回归结果，在控制其他变量后，2015 年以前 Treat 虚拟变量的系数不显著，2015 年后的 Treat 虚拟变量系数绝对值更大，而且至少在 5% 以上的水平上显著，从平均处理效应来看，平均趋势假定得以基本满足。

表 5-5 平行趋势检验：产业政策与企业创新

变量	Rd	Patent	Rd	Patent
	（1）	（2）	（3）	（4）
Constant	0.008	-11.007^{***}	0.013^{**}	-9.792^{***}
	(0.80)	(-22.64)	(2.00)	(-29.66)
Treat	0.007	0.161		
	(0.78)	(1.62)		
Treat2			0.000	0.060
			(0.20)	(0.97)
Treat3			0.001	0.049
			(0.67)	(0.78)
Treat4			0.005^{***}	0.176^{***}
			(2.91)	(2.72)
Treat5			0.005^{**}	0.303^{***}
			(2.55)	(4.88)
Treat6			0.004^{**}	0.416^{***}
			(2.04)	(6.77)
Treat7			0.006^{***}	0.278^{***}
			(2.85)	(4.51)

变量	Rd	Patent	Rd	Patent
	(1)	(2)	(3)	(4)
Treat8			0.005 **	0.462 ***
			(2.13)	(9.47)
Size	0.000	0.477 ***	0.000	0.448 ***
	(−0.18)	(23.78)	(0.16)	(34.68)
Lev	−0.040 ***	0.108	−0.041 ***	0.046
	(−11.81)	(0.93)	(−17.14)	(0.61)
Grow	−0.003 **	−0.067	−0.003 ***	−0.096 ***
	(−2.11)	(−1.53)	(−3.26)	(−3.33)
Roa	−0.056 ***	2.684 ***	−0.054 ***	1.236 ***
	(−3.78)	(5.43)	(−5.31)	(4.15)
Cash	0.017 ***	−0.0780	0.019 ***	0.100
	(3.55)	(−0.57)	(5.58)	(1.12)
Age	−0.003 ***	0.068 ***	−0.003 ***	0.064 ***
	(−4.45)	(3.01)	(−7.28)	(4.49)
PPe	0.046 ***	0.648 *	0.051 ***	0.890 ***
	(4.21)	(1.91)	(6.50)	(3.94)
Shr1	−0.011 ***	0.0350	−0.015 ***	0.191 **
	(−3.53)	(0.31)	(−6.84)	(2.55)
Mshare	0.008 **	−0.194 **	0.009 ***	0.0290
	(2.43)	(−2.05)	(4.47)	(0.49)
Insratio	0.038 ***	0.213	0.034 ***	0.407 ***
	(5.79)	(0.98)	(7.51)	(2.68)
Year/Ind	Yes	Yes	Yes	Yes
N	4899	4899	11581	11581
R^2	0.527	0.391	0.503	0.426

注：括号中报告的是 t 值，＊＊＊、＊＊、＊分别表示回归系数在 1%、5%、10%的置信水平显著。

模型（5-2）的回归结果如表 5-6 所示。Post×Treat 前面的系数 α_3 应是我们重点关心的，因为它是把产业政策扶持带给企业创新水平影响的混杂因素都

剔除之后的一种净效应，从表 5-6 的列（1）~ 列（2）中被解释变量分别是
创新投入（Rd）和创新产出（Patent）的回归结果可以看出，α_3 至少在 5% 显
著性水平为正，当企业不受"十二五"规划影响而受"十三五"规划影响时，
企业的创新水平显著更高，这和前文的检验结果一致。

表 5-6　"十三五"规划与企业创新：双重差分的回归结果

变量	Rd	Patent
	（1）	（2）
Constant	0.013*	-9.826***
	（1.90）	（-28.35）
Post	0.014***	-1.309***
	（11.19）	（-31.38）
Treat	0.001	0.086**
	（0.28）	（2.21）
Post×Treat	0.004***	0.103**
	（3.12）	（2.40）
Size	0.000	0.446***
	（0.22）	（34.36）
Lev	-0.042***	0.05400
	（-17.23）	（0.72）
Grow	-0.003***	-0.092***
	（-3.16）	（-3.19）
Roa	-0.055***	1.340***
	（-5.39）	（4.47）
Cash	0.019***	0.07200
	（5.60）	（0.81）
Age	-0.003***	0.064***
	（-6.82）	（4.43）
PPe	0.051***	0.915***
	（6.48）	（4.02）
Shr1	-0.015***	0.192**
	（-6.83）	（2.56）

续表

变量	Rd	Patent
	（1）	（2）
Mshare	0.009***	0.041
	（4.53）	（0.69）
Insratio	0.035***	0.407***
	（7.61）	（2.67）
Year/Ind	Yes	Yes
N	11581	11581
R^2	0.503	0.420

注：括号中报告的是 t 值，***、**、*分别表示回归系数在 1%、5%、10%的置信水平显著。

即使我们使用双重差分的方法，检验的依然还是产业政策和现金持有的平均效应，为了考虑产业政策对现金持有的影响随着时间变动的差异，借鉴孟庆玺等（2016）的研究，考虑了"十三五"规划对企业现金持有的时间动态效应，建立模型（5-3），其中 D 为年度虚拟变量，取值 2016~2019 年，α_3 分别是每一个年度"十三五"规划给企业现金持有水平带来的净处理效应。其他变量与模型（5-2）保持一致。

$$Rd/Patent = \alpha_0 + \alpha_1 Post + \alpha_2 Treat + \alpha_3 \sum D \times Treat + \sum Control + \varepsilon \qquad (5-3)$$

年度动态效应检验如表 5-7 所示。从表 5-7 的回归结果可以看出，"十三五"规划对企业创新水平的正向作用呈现先上升后下降的趋势，而且在 2017 年、2018 年的负向影响都呈现统计显著，符合政策影响的时间动态规律。

表 5-7　"十三五"规划对企业创新的年度动态效应

变量	Rd	Patent
	（1）	（2）
Constant	0.013*	−9.834***
	（1.90）	（−29.86）

变量	Rd	Patent
	(1)	(2)
Post	0.014***	-1.124***
	(10.58)	(-26.90)
Treat	0.002**	0.101***
	(2.26)	(2.59)
Treat_t1	0.004**	0.213***
	(1.02)	(3.26)
Treat_t2	0.003	0.325***
	(1.55)	(4.99)
Treat_t3	0.005**	0.185***
	(2.39)	(2.83)
Treat_t4	0.004*	0.555***
	(1.76)	(10.20)
Size	0.000	0.448***
	(0.21)	(34.65)
Lev	-0.042***	0.050
	(-17.21)	(0.67)
Grow	-0.003***	-0.095***
	(-3.16)	(-3.29)
Roa	-0.054***	1.247***
	(-5.37)	(4.19)
Cash	0.019***	0.091
	(5.59)	(1.01)
Age	-0.003***	0.064***
	(-6.84)	(4.45)
PPe	0.051***	0.891***
	(6.48)	(3.94)
Shr1	-0.015***	0.190**
	(-6.83)	(2.54)
Mshare	0.009***	0.027
	(4.54)	(0.46)

变量	Rd	Patent
	（1）	（2）
Insratio	0.035***	0.397***
	（7.61）	（2.62）
Year/Ind	Yes	Yes
N	11581	11581
R^2	0.503	0.426

注：括号中报告的是 t 值，***、**、* 分别表示回归系数在 1%、5%、10%的置信水平显著。

（三）稳健性检验

为了获得可靠的结论，本章对机构网络与企业创新的关系进行了稳健性检验。

1. 内生性检验

（1）为了避免产业政策影响企业创新可能存在的非随机干扰所导致的内生性问题，本书采用倾向得分匹配（PSM）法进行了内生性检验（Fan et al.，2017），鉴于公司规模、企业负债比率、公司年龄、企业成长性、现金持有水平和资本支出可能同时影响企业创新水平，因此选取以上协变量并进行较严格的无放回一对一匹配。PSM 的检验结果如表 5-8 的列（1）和列（2）所示，产业政策在 1%的显著性水平与企业创新水平呈正相关关系，PSM 内生性检验得到了与前文一致的回归结果。

（2）产业政策往往扶持于那些创新水平较高的公司，产业政策对企业创新水平的影响也可能存在样本自选择问题，为缓解这种内生性，本书采用两阶段 Heckman 检验控制潜在自选择问题对实证结果的影响（Heckman，1979）。第一阶段为进一步探究影响受产业政策扶持的因素，通过 Probit 模型计算出上市公司受扶持的概率，即逆米尔斯比率（Inverse Mills Ratio），然后将其作为控制变量加入第二阶段的回归模型中。Heckman 内生性检验结果如表 5-8 的列（3）和列（4）所示，产业政策至少在 5% 的显著性水平与公司创新水平呈正相关关系，Heckman 内生性检验依然得到了与前文一致的回归结果。

2. 其他稳健性检验

除内生性检验外，本章还进行了产业政策影响企业创新的其他稳健性检验。①使用联合专利申请的自然对数（Patent1）作为被解释变量创新水平（Patent）的替代变量重新进行检验；②随机删除了总样本的 10% 重新进行检验，其他稳健性检验均得到了与前文一致的结论，结果如表 5-8 的列（5）~（7）所示。

表 5-8　稳健性检验：产业政策与企业创新

变量	PSM		Heckman		替换被解释变量	随机删除10%样本	
	Rd（1）	Patent（2）	Rd（3）	Patent（4）	Patent1（5）	Rd（6）	Patent（7）
Constant	0.034***	-9.903***	-0.627***	-18.633***	-12.886***	0.031***	-10.025***
	(6.18)	(-47.26)	(-6.08)	(-4.68)	(-48.79)	(5.35)	(-46.47)
IP	0.004***	0.134***	0.775***	10.265**	0.222***	0.004***	0.134***
	(6.53)	(6.55)	(6.44)	(2.21)	(8.49)	(6.94)	(6.36)
Imr			0.482***	6.339**			
			(6.41)	(2.18)			
Size	-0.000**	0.432***	0.016***	0.659***	0.594***	-0.000*	0.439***
	(-2.24)	(43.92)	(6.21)	(6.43)	(51.55)	(-1.74)	(43.42)
Lev	-0.033***	-0.144**	-0.259***	-3.085**	0.0600	-0.035***	-0.115**
	(-19.69)	(-2.52)	(-7.38)	(-2.27)	(0.86)	(-20.37)	(-1.99)
Grow	-0.002**	-0.098***	0.015***	0.124	-0.112***	-0.001*	-0.106***
	(-2.52)	(-4.56)	(5.70)	(1.20)	(-4.14)	(-1.69)	(-4.76)
Roa	-0.044***	1.103***	-0.606***	-6.260*	2.775***	-0.046***	1.137***
	(-5.97)	(4.82)	(-6.90)	(-1.85)	(9.94)	(-5.93)	(4.89)
Cash	0.015***	-0.058	0.015***	-0.0810	-0.211**	0.015***	-0.0540
	(5.71)	(-0.85)	(5.94)	(-1.21)	(-2.45)	(5.67)	(-0.76)

变量	PSM		Heckman		替换被解释变量	随机删除10%样本	
	Rd (1)	Patent (2)	Rd (3)	Patent (4)	Patent1 (5)	Rd (6)	Patent (7)
Age	−0.005***	0.050***	−0.004***	0.039***	0.0160	−0.004***	0.038***
	(−12.98)	(4.36)	(−13.09)	(3.72)	(1.19)	(−12.06)	(3.44)
PPe	0.035***	0.219	0.035***	0.184	0.231	0.036***	0.192
	(6.78)	(1.32)	(7.00)	(1.15)	(1.09)	(6.80)	(1.14)
Shr1	−0.011***	0.133**	−0.011***	0.148***	0.110	−0.011***	0.140**
	(−7.11)	(2.33)	(−7.20)	(2.67)	(1.56)	(−6.96)	(2.39)
Mshare	0.009***	−0.089*	0.009***	−0.094**	0.166***	0.010***	−0.084*
	(5.22)	(−1.79)	(5.73)	(−2.01)	(2.81)	(5.88)	(−1.69)
Insratio	0.026***	0.302***	0.027***	0.295***	0.633***	0.025***	0.256**
	(8.39)	(2.81)	(8.66)	(2.79)	(4.60)	(7.81)	(2.30)
Year/Ind	Yes	Yes	Yes	Yes	Yes	Yes	Yes
N	18082	18082	19037	19037	19037	17142	17142
R^2	0.517	0.415	0.515	0.413	0.556	0.514	0.414

注：括号中报告的是 t 值，***、**、*分别表示回归系数在 1%、5%、10%的置信水平显著。

（四）横截面分析

企业创新水平还受企业内外部客观因素和宏观市场环境的影响，本章将针对不同情境下产业政策与企业创新水平是否存在差异进行横截面分析，从企业、行业和市场三个层面探讨产业政策对企业创新水平影响的调节作用。

1. 产权性质的横截面检验

产权性质根本上决定了企业资源配置方式和治理结构等一系列重要制度安排，深刻影响着企业的技术创新行为，主要体现在不同产权性质的企业在获取创新资源能力上的差异。具体表现在以下两个方面：一是国有企业与政府的天然联系有助于企业获得创新活动的基本资源，相对于民营企业，国有企业可以较低成本获得金融贷款和政府补贴；二是国有企业享有政府赋予的特殊权力，可以获得重要政策性资源。政府研发资金也主要以建设国家、技术和国防创新体系的名义注入国有企业（Sun & Liu，2014），为国有企业获得更多政府政策支持提供了重要途径。相对于民营企业，国有企业面临的创新融资约束程度更低，产业政策对于民营企业创新融资约束的缓解作用可能更大。基于以上分析，产权性质（国有取 1，民营取 0）将会弱化产业政策对于企业创新影响的正向作用。

本书主要使用模型（5-4）来考察企业层面的产权性质的调节作用，其中 IP_s 代表产业政策（IP）与产权性质（State）的交乘项。

$$Rd/Patent = \alpha_0 + \alpha_1 IP + \alpha_2 State + \alpha_3 IP\_s + \alpha_4 Size + \alpha_5 Lev + \alpha_6 Grow + \alpha_7 Roa + \alpha_8 Cash +$$

$$\alpha_9 Age + \alpha_{10} PPe + \alpha_{11} Shr1 + \alpha_{12} Mshare + \alpha_{13} Insratio + Year + Firm + \varepsilon$$

$$(5-4)$$

表 5-9 是企业层面的产权性质调节作用，从回归结果可以看出，产权性质（国有为 State＝1，民营为 State＝0）和产业政策（IP）的交叉项 IP_s 与企业创新投入水平（Rd）和企业创新产出水平（Patent）均在 1% 的显著性水平呈负相关关系，产权性质弱化了产业政策对企业创新水平的正向作用。

表 5-9 产权性质的横截面分析

变量	Rd	Patent
	（1）	（2）
Constant	0.032 ***	−9.873 ***
	（5.86）	（−48.20）
IP	0.006 ***	0.028
	（7.14）	（1.14）
State	0.001	0.016
	（1.31）	（0.67）
IP_s	−0.004 ***	−0.244 ***
	（−4.48）	（−7.76）

变量	Rd	Patent
	(1)	(2)
Size	-0.000**	0.433***
	(-2.14)	(45.37)
Lev	-0.034***	-0.180***
	(-20.66)	(-3.28)
Grow	-0.002**	-0.087***
	(-2.54)	(-4.15)
Roa	-0.045***	1.167***
	(-6.12)	(5.29)
Cash	0.016***	-0.116*
	(6.18)	(-1.73)
Age	-0.004***	0.029***
	(-12.29)	(2.65)
PPe	0.035***	0.240
	(6.98)	(1.50)
Shr1	-0.011***	0.080
	(-6.85)	(1.45)
Mshare	0.009***	-0.010
	(5.29)	(-0.21)
Insratio	0.026***	0.315***
	(8.56)	(2.98)
Year/Ind	Yes	Yes
N	19037	19037
R^2	0.515	0.417

注：括号中报告的是 t 值，***、**、*分别表示回归系数在 1%、5%、10%的置信水平显著。

2. 行业竞争程度的横截面检验

创新尤其突破性创新是应对市场竞争的有效方式，创新鼓励竞争，而竞争反过来也是创新过程的关键驱动器，因此行业竞争程度是影响企业技术创新的关键内动力，不同行业竞争程度水平将深刻影响企业的技术创新意愿、技术创新能力以及技术创新类型。本章预期，企业所处的行业竞争程度越低，由于较高的垄断利润，其从事高风险创新投资的意愿也越低，其创新水平相应较低，行业竞争程度（Hhi，反指标）将会强化产业政策对企业创新的正向作用。

本章使用模型（5-5）来考察行业竞争程度的调节作用，参考杨兴全等（2016）的研究，行业的竞争程度选用赫芬达尔指数（Hhi）来衡量，用每家公司的市场销售份额占行业内市场销售份额比例的平方和进行表征，该指标越低，说明市场内企业产品销售差异越小，竞争程度越高。其中 IP_h 代表产业政策（IP）与行业竞争程度（Hhi）的交乘项。

$$Rd/Patent = \alpha_0 + \alpha_1 IP + \alpha_2 Hhi + \alpha_3 IP\_h + \alpha_4 Size + \alpha_5 Lev + \alpha_6 Grow + \alpha_7 Roa + \alpha_8 Cash +$$
$$\alpha_9 Age + \alpha_{10} PPe + \alpha_{11} Shr1 + \alpha_{12} Mshare + \alpha_{13} Insratio + Year + Firm + \varepsilon$$

$$(5-5)$$

表 5-10 是行业层面竞争程度的调节作用，从回归结果可以看出，市场竞争程度（Hhi 为反指标，Hhi 越大，市场竞争程度越低）和产业政策（IP）的交叉项 IP_h 与创新投入水平（Rd）和创新产出水平（Patent）至少在 10% 显著性水平呈负相关关系，市场竞争程度（反指标）强化了产业政策对企业创新水平的正向作用。

表 5-10　竞争程度的横截面分析

变量	Rd	Patent
	（1）	（2）
Constant	0.036 ***	-9.989 ***
	(6.46)	(-48.42)
Hhi	-0.015 ***	0.042
	(-4.95)	(0.44)
IP	0.004 ***	0.108 ***
	(4.01)	(4.10)

续表

变量	Rd	Patent
	(1)	(2)
IP_h	-0.004*	-0.188**
	(-1.69)	(-2.12)
Size	-0.000**	0.436***
	(-2.10)	(45.42)
Lev	-0.034***	-0.129**
	(-21.02)	(-2.35)
Grow	-0.001**	-0.097***
	(-2.41)	(-4.61)
Roa	-0.045***	1.121***
	(-6.19)	(5.07)
Cash	0.016***	-0.077
	(6.17)	(-1.15)
Age	-0.004***	0.040***
	(-12.99)	(3.80)
PPe	0.036***	0.188
	(7.24)	(1.17)
Shr1	-0.011***	0.143***
	(-7.31)	(2.59)
Mshare	0.009***	-0.093**
	(5.71)	(-1.98)
Insratio	0.026***	0.296***
	(8.56)	(2.80)
Year/Ind	Yes	Yes
N	19037	19037
R^2	0.515	0.413

注：括号中报告的是 t 值，＊＊＊、＊＊、＊分别表示回归系数在 1%、5%、10%的置信水平显著。

3. 市场化进程的横截面检验

市场化进程代表一个地区的资本市场要素发展水平以及金融化水平。在市场化进程较高的地区，企业经营活动面临较完备的法制监管环境和较少的政府干预，较高的投资者保护程度使相关利益者对公司的监督积极性较强，相关利益者会更加频繁地交换公司资源和信息，并通过资本市场进行传递，更有利于产业政策的资源效应和信息治理效应的发挥，强化产业政策对企业创新的正向影响。

本章使用模型（5-6）考察市场化进程的调节作用，其中 IP_m 代表产业政策（IP）与市场化进程（Mar）的交乘项。参考樊纲等相关学者提供的各地区市场化相对进程得分作为市场化进程的替代变量，受统计数据的限制，借鉴杨兴全等（2014）的方法来计算 2016 年以后的市场化指数①。

$$Rd/Patent = \alpha_0 + \alpha_1 IP + \alpha_2 Mar + \alpha_3 IP\_m + \alpha_4 Size + \alpha_5 Lev + \alpha_6 Grow + \alpha_7 Roa +$$

$$\alpha_8 Cash + \alpha_9 Age + \alpha_{10} PPe + \alpha_{11} Shr1 + \alpha_{12} Mshare + \alpha_{13} Insratio +$$

$$Year + Firm + \varepsilon \qquad\qquad (5-6)$$

表 5-11 是市场层面市场化进程的调节作用，从回归结果可以看出，市场化进程（Mar）和产业政策（IP）的交叉项 IP_m 与企业创新投入水平（Rd）和企业创新产出水平（Patent）至少在 1% 的显著性水平呈正相关关系，市场化进程强化了产业政策对企业创新水平的正向作用。

表 5-11　市场化进程的横截面分析

变量	Rd	Patent
	（1）	（2）
Constant	0.037***	−10.279***
	（6.70）	（−49.09）
Market	0.007	0.069***
	（−0.38）	（11.98）
IP	0.005**	0.340***
	（2.47）	（5.25）

---

① 采取上年指数加上前三年指数增加值的平均值来确定 2017~2019 年的市场化指数。

变量	Rd	Patent
	（1）	（2）
IP_m	0.001***	0.027***
	（4.70）	（3.35）
Size	−0.001***	0.432***
	（−2.60）	（45.24）
Lev	−0.034***	−0.107*
	（−20.65）	（−1.95）
Grow	−0.001**	−0.090***
	（−2.37）	（−4.27）
Roa	−0.045***	0.955***
	（−6.18）	（4.32）
Cash	0.015***	−0.0650
	（6.11）	（−0.97）
Age	−0.004***	0.049***
	（−13.23）	（4.68）
PPe	0.036***	0.202
	（7.04）	（1.27）
Shr1	−0.011***	0.114**
	（−7.34）	（2.07）
Mshare	0.009***	−0.137***
	（5.58）	（−2.91）
Insratio	0.027***	0.298***
	（8.71）	（2.83）
Year/Ind	Yes	Yes
N	19037	19037
R^2	0.515	0.418

注：括号中报告的是 t 值，***、**、*分别表示回归系数在1%、5%、10%的置信水平显著。

五、产业政策与企业创新：作用机制

（一）产业政策与企业创新：资源效应

1. 缓解融资约束

受产业政策扶持的企业，能够吸引更多投资者以及潜在客户的关注，进而带给企业更多稀缺资源的注入，产业政策有利于提升企业的研发资金投入量，从而有效缓解企业融资约束，提升企业创新水平。本书借鉴赵静等（2018）的研究构建创新投资—现金流敏感性模型（5-7），来探讨产业政策缓解创新投资的融资约束问题。

$$Rd = \alpha_0 + \alpha_1 IP + \alpha_2 Cf + \alpha_3 IP\_c + \alpha_4 Size + \alpha_5 Lev + \alpha_6 Grow + \alpha_7 Roa + \alpha_8 Cash + \alpha_9 Age +$$

$$\alpha_{10} PPe + \alpha_{11} Shr1 + \alpha_{12} Mshare + \alpha_{13} Insratio + Year + Firm + \varepsilon \qquad (5-7)$$

模型（5-7）中 Cf 为企业内部自由现金流。系数 α_2 表示企业创新投资—现金流敏感性，用来衡量公司面临的创新融资约束情况，α_2 越大，表明公司的创新投入越依赖内部自由现金流，说明创新投资的融资约束程度越大。交互项系数 α_3 用来表示产业政策对创新投资的融资约束的缓解作用。预计 α_3 在统计意义上显著为负，具体回归结果如表 5-12 所示。从回归结果可以看出，企业内部自由现金流（Cf）与创新投入（Rd）显著正相关，表明企业创新活动依赖于内部资金，存在创新投资的内部融资约束；产业政策与企业自由现金流的交互项（IP_c）的系数在5%水平显著为负，表明产业政策能够缓解企业创新的融资约束问题。

表 5-12　创新投入—内部现金流敏感性分析

变量	Rd
	（1）
Constant	0.031***
	（5.78）
IP	0.004***
	（6.54）
Cf	0.005***
	（2.72）
IP_c	-0.001**
	（-2.53）
Size	-0.000*
	（-1.88）
Lev	-0.034***
	（-20.95）
Grow	-0.001*
	（-1.75）
Roa	-0.051***
	（-6.70）
Cash	0.017***
	（6.52）
Age	-0.004***
	（-13.18）
PPe	0.035***
	（6.99）
Shr1	-0.012***
	（-7.50）
Mshare	0.010***
	（5.88）
Insratio	0.028***
	（8.92）
Year/Ind	Yes
N	19037
R^2	0.515

注：括号中报告的是 t 值，***、**、*分别表示回归系数在 1%、5%、10%的置信水平显著。

2. 具体作用机制

对于缓解融资约束，相关研究分析了企业通过获取银行信贷以及政府补助等资金资源对企业创新的影响（鞠晓生，2013）。受产业政策扶持的企业能够吸引更多债权人、客户及股东关注，为了更加清晰地梳理具体的融资约束缓解机制，本章将继续探讨银行信贷、商业信用及股权融资在产业政策提升企业创新过程中的中介效应。上市公司可以通过内部融资、股权融资、商业信用以及银行信贷等多种方式获取创新融资，但本书主要关注产业政策的外部资源效应，故而排除内部融资最终选择银行信贷、商业信用及股权融资成本进行产业政策提升企业创新的资源效应具体作用机制检验。借鉴王彦超（2014）的研究，使用模型（5-8）和模型（5-9）检验缓解融资约束的具体机制，银行信贷（Debt）=（短期借款+长期借款）/总资产；商业信用（Business）=应付账款/总资产；股权融资成本（Coc）借鉴 Easton（2004）的 PEG 模型进行计算①。

$$Debt/Business/Coc = \alpha_0 + \alpha_1 IP + \alpha_2 Size + \alpha_3 Lev + \alpha_4 Grow + \alpha_5 Roa + \alpha_6 Cash + \alpha_7 Age +$$
$$\alpha_8 PPe + \alpha_9 Shr1 + \alpha_{10} Mshare + \alpha_{11} Insratio + Year + Firm + \varepsilon$$

$$(5-8)$$

$$Patent = \alpha_0 + \alpha_1 IP + \alpha_2 Debt/Business/Coc + \alpha_3 Size + \alpha_4 Lev + \alpha_5 Grow + \alpha_6 Roa + \alpha_7 Cash$$
$$+ \alpha_8 Age + \alpha_9 PPe + \alpha_{10} Shr1 + \alpha_{11} Mshare + \alpha_{12} Insratio + Year + Firm + \varepsilon \quad (5-9)$$

表 5-13 的列（1）和列（4）为产业政策与企业银行信贷（Debt）的中介

---

① 股权融资成本的估计有事后资本成本（CAPM）、事前资本成本（GLS）、PEG 模型三种方法。事后资本成本（CAPM）估计的标准误差较高，事前资本成本 GLS 模型在中国资本市场估计权益资本成本可靠性不如 Easton（2004）的 PEG 模型，并且在 PEG 模型中分析师预测的每股收益数据较容易，本书使用 PEG 模型来计算权益资本成本，计算如下：

$$Coc = \sqrt{\frac{(EPS_{t+2} - EPS_{t+1})}{P_t}}$$

其中，EPS_{t+2} 和 EPS_{t+1} 分别为 $t+2$ 和 $t+1$ 其分析师预测的每股收益均值，P_t 为第 t 期期末的每股价格。

效应检验，列（1）中产业政策与银行信贷（Debt）呈显著的正相关关系，列（4）中银行信贷（Debt）、产业政策与创新水平（Patent）同样呈显著的正相关关系，且系数相对于主效应有所降低，证明银行信贷是产业政策提升企业创新水平的中介机制；列（2）和列（5）为产业政策与企业商业信用（Business）的中介效应检验，列（2）中产业政策与商业信用（Business）在5%显著性水平呈正相关关系，产业政策能够显著提升企业商业信用合作，列（5）中商业信用（Business）、产业政策（IP）与企业创新水平（Patent）均在1%显著性水平呈正相关关系，且系数相对于主效应有所降低，证明商业信用（Business）是产业政策提升企业创新水平的部分中介；列（3）和列（6）为产业政策与股权融资成本（Coc）的中介效应检验，列（3）中产业政策与股权融资成本（Coc）在1%显著性水平呈负相关关系，产业政策能够降低企业股权融资成本，列（6）中股权融资成本（Coc）、产业政策（IP）分别与企业创新水平（Patent）在1%和5%显著性水平呈负相关和正相关关系，且系数相对于主效应有所降低，证明股权融资成本（Coc）降低是产业政策提升企业创新水平的部分中介。这一检验结果证明，产业政策提升企业创新水平的信息资源效应的融资约束缓解主要源于产业政策对企业负债融资、企业商业信用和股权融资能力的提升，产业政策扶持企业能够吸引更多债务及股权投资者的广泛关注，从而提升企业外部融资能力进而促进创新水平的提升。

表5-13　产业政策提升企业创新：资源效应

变量	Debt	Business	Coc	Patent		
	（1）	（2）	（3）	（4）	（5）	（6）
Constant	0.147***	0.026**	0.236***	-9.797***	-9.998***	-9.864***
	(8.33)	(2.43)	(26.58)	(-48.59)	(-49.37)	(-47.44)
IP	0.005***	0.002**	-0.005***	0.132***	0.126***	0.125***
	(2.99)	(2.12)	(-4.82)	(6.62)	(6.35)	(6.24)

变量	Debt	Business	Coc	Patent		
	（1）	（2）	（3）	（4）	（5）	（6）
Debt				1.035 ***		
				（12.21）		
Business					1.842 ***	
					（13.55）	
Coc						−0.363 **
						（−2.37）
Size	−0.005 ***	−0.003 ***	−0.005 ***	0.431 ***	0.441 ***	0.434 ***
	（−6.61）	（−6.01）	（−13.58）	（45.29）	（46.16）	（45.03）
Lev	0.424 ***	0.155 ***	0.022 ***	0.311 ***	−0.414 ***	−0.120 **
	（85.13）	（47.26）	（8.56）	（4.77）	（−7.12）	（−2.18）
Grow	0.001	0.000	−0.001	−0.097 ***	−0.098 ***	−0.099 ***
	（0.52）	（0.17）	（−1.46）	（−4.62）	（−4.72）	（−4.67）
Roa	−0.366 ***	0.106 ***	−0.101 ***	0.743 ***	0.927 ***	1.085 ***
	（−22.12）	（9.40）	（−10.37）	（3.34）	（4.21）	（4.89）
Cash	−0.112 ***	0.018 ***	−0.010 ***	−0.192 ***	−0.110	−0.080
	（−20.99）	（4.81）	（−3.19）	（−2.84）	（−1.64）	（−1.19）
Age	−0.003 ***	0.000	0.004 ***	0.036 ***	0.039 ***	0.041 ***
	（−3.50）	（0.27）	（8.22）	（3.47）	（3.75）	（3.90）
PPe	0.226 ***	−0.047 ***	−0.007	0.424 ***	0.276 *	0.187
	（15.55）	（−5.25）	（−0.96）	（2.64）	（1.73）	（1.17）
Shr1	−0.035 ***	0.029 ***	−0.015 ***	0.110 **	0.093 *	0.141 **
	（−7.71）	（9.19）	（−6.03）	（2.00）	（1.68）	（2.54）
Mshare	0.013 ***	−0.010 ***	0.002	−0.079 *	−0.074	−0.092 *
	（3.78）	（−4.09）	（1.12）	（−1.68）	（−1.58）	（−1.95）
Insratio	−0.056 ***	0.043 ***	−0.091 ***	0.235 **	0.214 **	0.261 **
	（−6.12）	（6.80）	（−20.66）	（2.24）	（2.04）	（2.44）
Year/Ind	Yes	Yes	Yes	Yes	Yes	Yes
N	19037	19037	19037	19037	19037	19037
R^2	0.613	0.424	0.205	0.418	0.419	0.413

注：括号中报告的是 t 值，*** 、** 、* 分别表示回归系数在1%、5%、10%的置信水平显著。

（二）产业政策与企业创新：信息治理

产业政策扶持企业将信息传递至资本市场，可以强化企业相关利益者的外部监督，提高公司信息透明度，促进创新信息的流通与传递，发挥信息的治理效应，进而提升企业创新水平。

1. 公司信息透明度

产业政策的信息传递通过强化相关利益者的外部监督提升了企业间相关信息的全面性、准确性和及时性，并实现公司信息透明度的提高。借鉴辛清泉等（2014）的研究，本章使用信息透明度综合指标（Info）衡量企业信息质量，将盈余管理（转换为正指标）、分析师跟踪数量、分析师预测精准度（转换为正指标）、审计师是否来自四大会计师事务所四个指标进行百分位数标准化，再计算平均值。该指标越大，表示公司信息透明度越高。本书使用模型（5-10）和模型（5-11）进行信息透明度的中介效应检验。

$$Info = \alpha_0 + \alpha_1 IP + \alpha_2 Size + \alpha_3 Lev + \alpha_4 Grow + \alpha_5 Roa + \alpha_6 Cash + \alpha_7 Age + \alpha_8 PPe + \alpha_9 Shr1 +$$

$$\alpha_{10} Mshare + \alpha_{11} Insratio + Year + Firm + \varepsilon \qquad (5\text{-}10)$$

$$Patent = \alpha_0 + \alpha_1 IP + \alpha_2 Info + \alpha_3 Size + \alpha_4 Lev + \alpha_5 Grow + \alpha_6 Roa + \alpha_7 Cash + \alpha_8 Age + \alpha_9 PPe +$$

$$\alpha_{10} Shr1 + \alpha_{11} Mshare + \alpha_{12} Insratio + Year + Firm + \varepsilon \qquad (5\text{-}11)$$

2. 创新信息传递

企业间有关创新的技术、知识信息均可以通过不同行为主体之间的交流、互动、模仿从网络或者行业内提取并整合，或者说单一企业的研发不仅对本企业有利，而且惠及其他行业和网络内成员企业（黄俊和陈信元，2012），从而产生网络或行业内的技术知识溢出和创新协同效应。本章根据年度行业重新构建其他企业创新信息集来衡量创新信息传递，进而探究产业政策提升企业创新的信息传递中介效应。由于创新信息的传递在很大程度上有赖于本行业内创新技术、知识的流通与传播（周云波等，2017；白俊红等，2017），因此在构建其他企业创新信息集时使用年度行业内去除本企业的创新投入占营业收入比重的均值以体现网络行业内的创新信息流动及创新信息溢出效应。本书使用模型（5-12）和模型（5-13）进行创新信息传递的中介效应检验。

$$Rd\_other = \alpha_0 + \alpha_1 IP + \alpha_2 Size + \alpha_3 Lev + \alpha_4 Grow + \alpha_5 Roa + \alpha_6 Cash + \alpha_7 Age + \alpha_8 PPe +$$
$$\alpha_9 Shr1 + \alpha_{10} Mshare + \alpha_{11} Insratio + Year + Firm + \varepsilon \qquad (5-12)$$

$$Patent = \alpha_0 + \alpha_1 IP + \alpha_2 Rd\_other + \alpha_3 Size + \alpha_4 Lev + \alpha_5 Grow + \alpha_6 Roa + \alpha_7 Cash + \alpha_8 Age +$$
$$\alpha_9 PPe + \alpha_{10} Shr1 + \alpha_{11} Mshare + \alpha_{12} Insratio + Year + Firm + \varepsilon \qquad (5-13)$$

式中，Rd_other 表示年度行业内其他企业创新投入占营业收入比重的均值，Patent 表示企业未来一期联合授权发明专利加 1 的自然对数，其他控制变量与主效应保持一致。

表5-14 的列（1）是产业政策与公司信息透明度的回归结果，产业政策（IP）与公司信息透明度（Info）在1%的水平呈显著的正相关关系，证明产业政策能够显著提高公司信息透明度，列（3）是产业政策联合公司信息透明度对创新水平（Patent）的回归结果，信息透明度（Info）和产业政策（IP）与创新产出（Patent）至少在1%显著性水平呈正相关关系，且其回归系数均小于主效应。这一检验结果证明，产业政策通过提升公司信息透明度可实现企业创新水平的提升。列（2）是产业政策对行业内创新信息传递的回归结果，产业政策与行业内创新信息（Rd_other）至少在1%显著性水平呈正相关关系，证明产业政策能够显著提升行业内其他企业的创新投入，促进创新信息的有效传递。列（4）是产业政策联合行业内创新信息（Rd_other）对本企业创新水平（Patent）的回归结果，行业内创新信息（Rd_other）和产业政策（IP）与创新水平（Patent）均在1%显著性水平呈正相关关系，且其回归系数均小于主效应。这一检验结果证明，产业政策通过促进创新信息传递可提升企业创新水平并实现创新活动的溢出和协同。因此，产业政策不仅提升了公司信息透明

度，而且进一步促进了创新信息传递和溢出，进而有效发挥产业政策的信息治理效应，提升企业创新水平。

表 5-14 产业政策提升企业创新：信息效应

变量	Info	Rd_other	Patent	
	（1）	（2）	（3）	（4）
Constant	−1.216***	0.006***	−9.811***	−9.992***
	（−20.28）	（2.82）	（−47.16）	（−48.74）
IP	0.036***	0.001***	0.122***	0.120***
	（5.90）	（4.69）	（6.11）	（6.01）
Info			0.114***	
			（4.62）	
Rd_other				7.350***
				（9.22）
Size	0.088***	−0.000*	0.426***	0.437***
	（36.85）	（−1.90）	（42.75）	（45.55）
Lev	−0.034**	−0.002***	−0.124**	−0.114**
	（−2.01）	（−3.92）	（−2.26）	（−2.08）
Grow	−0.031***	0.001***	−0.094***	−0.104***
	（−4.75）	（4.66）	（−4.49）	（−4.98）
Roa	0.375***	−0.003	1.079***	1.142***
	（5.45）	（−1.45）	（4.87）	（5.16）
Cash	0.065***	−0.004***	−0.084	−0.050
	（3.40）	（−5.67）	（−1.25）	（−0.75）
Age	−0.038***	−0.000***	0.044***	0.042***
	（−12.18）	（−3.66）	（4.15）	（4.01）
PPe	0.649***	0.005***	0.116	0.155
	（12.80）	（3.15）	（0.72）	（0.97）
Shr1	−0.017	−0.001*	0.148***	0.153***
	（−1.04）	（−1.86）	（2.68）	（2.75）
Mshare	0.128***	0.001***	−0.107**	−0.103**
	（9.00）	（3.86）	（−2.27）	（−2.19）

变量	Info	Rd_other	Patent	
	（1）	（2）	（3）	（4）
Insratio	1.214 ***	0.001	0.155	0.283 ***
	（39.59）	（1.28）	（1.42）	（2.69）
Year/Ind	Yes	Yes	Yes	Yes
N	19037	19037	19037	19037
R^2	0.271	0.915	0.414	0.416

注：括号中报告的是 t 值，＊＊＊、＊＊、＊分别表示回归系数在 1%、5%、10%的置信水平显著。

六、产业政策、企业创新与企业价值

产业政策促进了资金要素在资本市场中的有效流动，降低了上市公司与资本提供方之间的信息收集成本，促使资金充足方将资金投放于生产率相对较高的行业或企业，优化了资本配置；产业政策同时促进了技术要素的开发与流动，引致公司自身创新水平的提升，技术改造带来的技术效率提升和技术进步能够显著提升公司全要素生产率（程惠芳和陆嘉俊，2014），因此本书预期产业政策引致的实质性创新（联合授权发明专利水平）的提高能够提升企业全要素生产率。本章借鉴鲁晓东和连玉君（2012）的研究，对模型（5-12）进行普通 OLS 以及控制固定效应回归，回归拟合得到的残差即为全要素生产率（Tfp_ols/Tfp_fe），并使用模型（5-13）考察产业政策影响下的企业创新对全要素生产率的影响。

$$\text{Ln}Sales = \alpha_{0+}\alpha_0\text{Ln}PPe + \text{Ln}Employee + Year + Firm + \varepsilon \qquad (5-14)$$

其中，LnSales 为营业收入的自然对数，LnPPe 为固定资产的自然对数，

LnEmployee 为员工人数的自然对数，同时控制年份和公司个体效应。

$$Tfp\_ols/Tfp\_fe = \alpha_0 + \alpha_1 IP + \alpha_3 Patent + \alpha_3 D/C/E \times Patent + \alpha_3 Size + \alpha_4 Lev + \alpha_5 Grow +$$

$$\alpha_6 Roa + \alpha_7 Cash + \alpha_8 Age + \alpha_9 PPe + \alpha_{10} Shr1 + \alpha_{11} Mshare +$$

$$\alpha_{12} Insratio + \sum Year + Firm + \varepsilon \qquad (5\text{-}15)$$

从表 5-15 的回归结果可以看出，IP 与企业全要素生产率（Tfp_ols/Tfp_fe）至少在 10% 的显著性水平呈正相关关系，产业政策（IP）与创新产出（Patent）的交乘项（IP_p）至少在 5% 的显著性水平呈正相关关系，产业政策影响下的企业创新能够显著提高全要素生产率，优化资源配置，促进实体经济发展。

表 5-15　产业政策、企业创新及全要素生产率

变量	Tfp_fe		Tfp_ols	
	（1）	（2）	（3）	（4）
Constant	−10. 155 ***	−9. 963 ***	−4. 703 ***	−4. 665 ***
	（−100. 80）	（−89. 56）	（−39. 40）	（−35. 50）
IP	0. 004 **	0. 018 **	0. 012 *	0. 006 **
	（2. 38）	（2. 37）	（1. 91）	（2. 35）
Patent		0. 009 *		0. 010 *
		（1. 87）		（1. 73）
IP_p		0. 013 **		0. 019 ***
		（2. 27）		（2. 87）
Size	0. 458 ***	0. 450 ***	0. 206 ***	0. 205 ***
	（106. 84）	（94. 62）	（40. 47）	（36. 43）
Lev	0. 667 ***	0. 671 ***	0. 596 ***	0. 595 ***
	（21. 87）	（22. 01）	（16. 92）	（16. 91）
Grow	0. 200 ***	0. 202 ***	0. 231 ***	0. 231 ***
	（14. 47）	（14. 55）	（14. 07）	（14. 07）
Cash	0. 614 ***	0. 614 ***	0. 730 ***	0. 730 ***
	（16. 31）	（16. 33）	（16. 75）	（16. 76）

变量	Tfp_fe		Tfp_ols	
	（1）	（2）	（3）	（4）
Age	−0.014**	−0.015***	−0.020***	−0.021***
	（−2.53）	（−2.69）	（−2.96）	（−3.03）
PPe	−2.012***	−2.016***	−2.832***	−2.830***
	（−22.49）	（−22.57）	（−26.90）	（−26.89）
Mshare	0.0350	0.037*	0.141***	0.142***
	（1.57）	（1.68）	（5.37）	（5.42）
Year/Ind	Yes	Yes	Yes	Yes
N	19037	19037	19037	19037
R^2	0.669	0.669	0.208	0.208

注：括号中报告的是 t 值，***、**、* 分别表示回归系数在 1%、5%、10% 的置信水平显著。

七、本章小结

（一）研究结论

产业政策可以通过政策扶持带来的资源效应以及促进信息在资本市场中的传递与流通来提升被投资企业获取社会资源的能力，强化利益相关者监督公司管理层的积极性，可有效缓解企业融资约束和提高信息透明度，进而促进企业创新水平。基于我国沪深两市 A 股 2007~2019 年上市公司面板的经验证据表明：产业政策能够显著提升企业创新水平；产权性质发挥了负向调节作用而市场竞争程度和市场化进程分别发挥了正向调节作用；作用机制发现，产业政策主要通过扩大银行贷款、商业信用、降低股权融资成本和提升公司信息透明度两条路径来提升企业创新；此外，本章还发现产业政策可以通过提升企业创新水平进而优化相关生产要素的合理配置并提高企业全要素生产率。本章证实了产业政策提升企业创新水平源自资源效应与信息治理效应，丰富了企业创新的影响因素研究和产业政策的后果研究。

（二）政策建议

本章的研究结论将为我国在经济新常态背景下培育新兴产业、优化产业结构和加大研发投入提供重要依据，并证实了政府施行的产业政策的确有助于促进企业创新活动。适当的政府补贴和逐渐缓解的融资约束将激发企业进行自主创新，有助于促进战略性新兴产业发展和提高我国新兴产业国际竞争力。这一方面为政府产业政策扶持行业发展提供经验依据，另一方面为企业研发创新提供启示。因此，本章将从政府和企业两个角度出发对抓住产业技术革命和发展战略性新兴产业提出政策启示。

1. 政府层面

（1）完善政府补贴机制。本章的研究结论显示，中国政府颁布战略性新兴产业政策以扶持企业创新发展的效果显著，尤其体现在政府补贴力度较高的企业。但是由于单一的直接补贴方式易诱发政企合谋现象与企业"寻租"行为的发生，因此可以依据战略性新兴产业发展阶段如培育初期等相机抉择，使政府补贴具有积极的创新激励效应。同时，由于政府补贴可以划分为财政补贴、税收减免等类型，且不同类型的政府补贴政策实施的交易费用存在差异。因此，当政府扶持战略性新兴产业发展时，也应明确每一项政府补贴政策实施的交易费用，进一步完善政府补贴机制以此有效促进战略性新兴产业的技术提升与发展。

（2）完善信贷引导机制。与企业的其他行为相比，企业创新行为是一项长期行为，并且企业在创新过程中可能会面临更多不确定性风险与收益，持续且稳定的资金来源将缓解企业研发资金紧张的难题。因此，在扶持战略性新兴产业发展过程中应加强对银行贷款审批程序的监督，规范企业信贷资源的配置，鼓励银行增加信贷供给支持战略性新兴产业的发展。例如，民营企业作为活跃的创新主体之一，政府应引导资金向民营企业倾斜，以此缓解民营企业在企业创新初期中资金紧缺的难题，通过有效地获得外部资源进行研发活动。

2. 企业层面

（1）继续加大研发投入。由于战略性新兴产业政策有助于提升企业的创新产出，并表现出追求创新"质量"的特征，这说明战略性新兴产业政策能提升企业创新质量。因此，受战略性新兴产业政策扶持的企业应继续加大研发投入，实现技术升级，掌握本领域的核心技术，缩短与世界前沿技术的差距。此外，企业间可以采取协同创新策略，积极开展横向合作与纵向合作，通过共同开发技术、建立合作关系等方式更好地开展创新活动，使行业整体创新能力提升。

（2）拓宽创新资源获取渠道。战略性新兴产业政策对企业创新的影响差异主要在于创新资源获取差距过大，企业应通过积极获取外部资源的方式起到缩小创新资源获取差距的作用，以缓解创新资源约束对企业创新的抑制作用，释放企业创新活力，实现中国战略性新兴产业的高端化发展。进一步地，政府补贴程度较高、融资约束程度越低以及非国有企业中，战略性新兴产业政策对企业创新的影响更为明显，战略性新兴产业领域内的企业应当充分利用外部助力，如国外上市与企业发债等，促进企业开展更多创新活动。

第六章　产业政策与利润分配：
现金股利

一、引言

　　产业政策作为一国政府的公共品，以市场为实施前提，并以产业为干预和激励的直接对象，可以影响并调控微观企业行为，完善市场调节，在中观上，能够优化产业结构，推动产业提振升级，实现宏观上资源配置的帕累托效率和可持续的经济发展。产业政策可以多种形式（政府补助、税收优惠、政策性贷款）对微观企业行为进行扶持（Kollmann et al.，2012；Musacchio et al.，2015），对企业主要财务活动（投资活动和融资活动）产生影响，对市场的稀缺资源进行合理配置，在国家经济的提振升级过程中发挥政府管控和扶持作用，因此政府的调控和干预是企业生存和发展必不可少的宏观制度背景（辛清泉等，2007），政府可以通过产业政策有效地纠正市场失灵，推动产业结构优化升级，从而对经济发展起到积极作用（Wallsten，2000），政府作为经济资源分配的主体地位，短时期内不会改变（陈冬华等，2010）。产业政策对微观经济主体的后果研究也需要进一步深入探讨。

关于产业政策的研究大多集中于宏观行业层面，主要通过产业政策对产业结构优化升级的作用和资源配置的影响效应来考察政策的有效性（吴意云和朱希伟，2015；韩永辉等，2017；张莉等，2017）。关于产业政策对微观主体经济行为的研究主要集中在企业的投融资活动，国家产业政策对企业融资及投资活动具有重要影响（Beaudry et al.，2001）。宏观产业政策可以直接影响企业的投资行为，受产业政策扶持的民营企业，投资额显著提高（黎文靖和李耀淘，2014；谭周令和朱卫平，2018），产业政策也能有效激励公司进行更多研发创新投资（谭劲松等，2017），并能通过政府扶持、补贴、市场规范以及需求引导促进企业技术创新投资（Motohashi & Yun，2007）。产业政策的出台也影响受扶持企业的融资约束，受到产业政策扶持的企业更容易获得融资机会（Chen et al.，2013）。地方产业政策的出台可能会降低企业投资效率从而无法缓解公司的融资约束（张新民等，2017），产业政策扶持所带来的信号传递作用和资源配置优势也可能会有效缓解公司的融资约束程度（车嘉丽、薛瑞，2017）。企业的财务活动（投融资活动）所导致的现金流不确定性以及财务活动的结果又会直接作用于企业的利润分配。财务活动的现金流不确定性与企业股利的分配意愿负相关，现金流不确定性越高，股利的分配意愿越低（李思飞等，2014）。研发投入与股利分配意愿负相关（王译晗等，2018），研发投入高的企业倾向于减少股利支付（Chay & Suh，2009）；融资约束能够强化紧缩的货币政策对现金股利分配水平的抑制作用（全怡等，2016）。产业政策在影响企业投融资活动的同时，必然会对企业的现金股利政策产生一定作用。

本章在考察股利政策的影响因素时，引入了产业政策这一宏观制度背景，特别是考察了国家"十二五"规划出台后产业政策的扶持对现金股利的影响。产业政策扶持到底会增加还是会减少企业的现金股利？产业政策扶持对现金股利影响的作用机制如何？产业政策对现金股利的影响是否依赖于企业不同的产权属性、不同的行业成长特征、不同的市场竞争环境？

与已有研究相比，本章的贡献主要体现在以下方面：①从国家宏观制度背景——产业政策入手，研究我国产业政策之于微观企业利润分配活动的影响，研究侧重宏观产业政策对现金股利的影响，拓展了产业政策对微观经济主体后果的研究；同时在股利政策的影响因素研究中纳入产业政策这一宏观因素，进一步深入股利政策影响因素的研究，丰富了现有文献。②利用"第十二个五年规划"的出台这一"外生政策"构建双重差分模型，考察"十二五"规划带来的处理效应，厘清产业政策对企业现金股利政策的影响，有效地克服了内生性问题，增强了研究的可信性。③在详细阐述产业政策之于微观股利作用路径的同时，进一步从企业（产权属性）、行业（行业成长性）、市场（市场竞争程度）考虑了产业政策对现金股利的影响，全面剖析了产业政策影响微观股利的作用机理，为企业合理制定股利政策提供了一定参考。

二、理论分析与研究问题

（一）产业政策扶持提高了现金股利：扶持效应

产业政策的扶持效应可以有效缓解公司面临的融资约束。首先，产业政策往往以各种政府支持形式直接作用于微观企业，受扶持企业可以直接获得政府的各项补助、税收优惠和成本较低的政策性贷款，以缓解融资约束。其次，商业银行的信贷政策会随时根据产业政策进行相应调整，随着政府行政干预的增加以及信贷市场上信息不对称的降低，受扶持企业会得到更多以及更加优惠的商业贷款融资（何熙琼等，2016），祝继高等（2015）指出，相比于非产业政策扶持行业的企业，受扶持的企业更容易获得商业银行信贷支持。最后，产业政策的实施有利于提高受扶持行业企业的声誉，资本市场对受扶持企业的预期会随之改善，市场的投资热情也会得到进一步激发，使得受产业政策扶持的企业更容易在资本市场上融通资金。Chen 等（2017）研究了产业政策对企业股权融资的影响，受产业政策扶持的企业 IPO 和股权再融资比例更高，受产业政策扶持的企业比非扶持企业更容易从资本市场上获得资金支持。因此，产业政策扶持有可能会缓解企业所面临的融资约束，增加企业的股利分配。

（二）产业政策扶持降低了现金股利：投资驱动

产业政策除能够缓解企业的融资约束，政策的实施也使受扶持企业获得更具发展潜力的投资空间和更具投资价值的投资机会（陆正飞和韩非池，2013）。投资机会能较好地反映公司的成长潜力，投资机会和投资空间越多的上市公司支付股利的可能性越小。另外，当企业面临更多的投资机会时，企业会大幅投资于产业政策支持的行业，扩大产能会引发投资的"潮涌现象"和"羊群效应"。产业政策所带来的税收优惠和财政补贴以及政策支持给企业带来了良好的前景预期，企业更愿意加大研发资金投入力度，与未受到产业政策扶持的企业相比，受扶持企业的各项专利申请总数和创新产出显著增加（张婷婷等，2019）；伴随受扶持企业长期负债的增加，企业的投资水平显著提高（王克敏等，2017）。为捕捉产业政策带来的投资机会，受投资驱动的影响，根据优序融资理论，企业会选择内源融资满足当下的投资，进而降低企业现金股利的分配。

产业政策可能会对企业的股利分配产生以上两种截然不同的结果，当然对股利分配的影响也有赖于企业的属性和特点，如企业的产权归属、企业的成长性和企业所处的外部环境。首先，产业政策在政策的出台之初就更加倾向于国有企业，国有企业受产业政策的扶持力度更大，受政府的干预更多，国有和非国有企业在产业政策扶持下的股利分配应该会有显著差别。其次，处于不同行业成长性的企业在产业政策扶持力度、资金需求、投资机会、融资约束方面都会有显著差异，而这些方面也都会影响企业的股利分配。最后，不同的市场竞争程度会影响产业政策对资源的配置效率，影响受扶持企业的投资机会及投资效率，进而在一定程度上影响企业的股利政策和股利分配。

上述内容分析了产业政策对股利政策影响的双面性以及相关影响因素，本章下文着重检验如下问题：产业政策扶持到底会增加还是减少企业的现金股利？产业政策扶持对现金股利影响的作用机制如何？产业政策扶持对现金股利的影响还受制于哪些因素？

三、研究设计与变量定义

（一）样本选择与数据来源

本章以 2004～2018 年（DID 样本为 2006～2015 年）沪深两市 A 股上市公司为研究对象，并按照以下标准对样本进行处理：①剔除金融行业公司样本；②剔除数据缺失的公司样本；③剔除股东权益小于 0 的公司样本；④为消除极端值对本书结果的影响，对本章所有连续型变量进行了 1% 和 99% 水平上的缩尾处理。最终，得到 21632 个（DID 样本为 6487 个）年度—公司数据。产业政策数据手工收集于《中华人民共和国国民经济和社会发展第十四个五年规划纲要》，其他数据来源于 CSMAR 数据库，使用 Stata16.0 进行统计分析。

（二）模型构建

本章的因变量包括股利分配意愿（Dum_div）（虚拟变量）和股利分配水平（Div），关于产业政策和股利分配意愿的关系采用 Probit 模型进行回归，产业政策和股利分配水平的关系采用 Tobit 模型进行回归。为验证主效应，构建如下模型：

$$Dum\_div\ (Div) = \alpha_0 + \alpha_1 IP + \alpha_2 Lev + \alpha_3 Roa + \alpha_4 Shr1 + \alpha_5 Pnum + \alpha_6 Size + \alpha_7 Cfo +$$

$$\alpha_8 Intangible + \alpha_9 Age + \alpha_{10} State\alpha_8 + \alpha_{11} Grow + \sum Industry +$$

$$\sum Year + \varepsilon \qquad\qquad (6-1)$$

（三）变量定义

1. 现金股利

本章从股利分配意愿（Dum_div）和股利分配水平（Div）两个角度来衡量上市公司的现金股利。借鉴吴超鹏和张媛（2017）的做法，以上市公司是否分配现金股利衡量上市公司的股利分配意愿，以每股股利代表股利分配水平。

2. 产业政策

参考祝继高等（2015）、杨兴全等（2018）的方法，采用"五年规划"中行业的发展规划来界定是否受产业政策扶持，将"规划"中国家明确鼓励和重点支持的行业认定为产业政策扶持行业，并设置虚拟变量 IP，根据证监会 2001 年行业分类进行匹配，行业分类的三级代码如果符合前述产业政策扶持条件的，行业内企业受产业政策扶持，IP = 1，否则为产业政策非扶持行业企业，IP = 0。

3. 控制变量

参考贾凡胜等（2016）的研究成果，选取对现金股利产生重要影响因素作为控制变量，主要包括财务杠杆（Lev）、盈利能力（Roa）、第一大股东持股比例（Shr1）、董事会规模（Pnum）、资产规模（Size）、经营现金流（Cfo）、创新投入（Intangible）、企业年龄（Age）、产权属性（State）、成长机会（Grow），并在此基础上控制了年度和行业。变量具体定义及说明如表6-1所示。

表6-1 变量定义及说明：产业政策与现金股利

变量类型	变量符号	变量名称	变量定义
被解释变量	Dum_div	股利分配意愿	公司分配现金股利时，Dum_div=1
			公司不分配现金股利，Dum_div=0
	Div	股利分配水平	Div=每股股利
解释变量	IP	是否受产业政策扶持	受产业政策扶持时取1，不受产业政策扶持时取0
控制变量	Lev	财务杠杆	负债/年末资产总额
	Roa	盈利能力	净利润/总资产平均余额
	Shr1	第一大股东持股比例	第一大股东持股/股本
	Pnum	董事会规模	董事会总人数的对数
	Size	资产规模	年末资产总额的对数
	Cfo	经营现金流	经营活动产生的现金净额/年末资产总额
	Intangible	创新投入	无形资产净额/年末资产总额
	Age	企业年龄	企业成立年数的对数
	State	产权属性	国有取1，否则取0
	Grow	成长机会	主营业务收入增长率
	Ind	行业虚拟变量	控制不同行业经济因素的影响
	Year	年份虚拟变量	控制不同年份经济因素的影响

四、实证结果与分析

（一）描述性统计

表6-2报告了本章主要变量的描述性统计。Dum_div的均值为0.687，表

明有 68.7% 的公司支付了现金股利，股利的支付具有普适性。Div 的均值为 0.099，平均来说，每股发放了 0.099 元的现金股利，我国企业现金股利分配水平普遍不高。IP 的均值为 0.527，说明在样本期间，有 52.7% 的公司受到了产业政策的扶持。

表 6-2　基本描述性统计：产业政策与现金股利

变量名称	样本数	均值	标准差	最大值	最小值
Dum_div	21632	0.687	0.4635	1.000	0.000
Div	21632	0.099	0.143	0.800	0.000
IP	21632	0.527	0.499	1.000	0.000
Lev	21632	0.450	0.199	0.895	0.051
Roa	21632	0.070	0.049	0.279	0.004
Shr1	21632	0.361	0.153	0.752	0.090
Pnum	21632	2.168	0.203	2.708	1.609
Size	21632	22.126	1.261	25.971	19.495
Cfo	21632	0.051	0.072	0.257	-0.167
Intangible	21632	0.046	0.052	0.315	0.000
Age	21632	2.728	0.371	3.401	1.609
State	21632	0.493	0.500	1.000	0.000
Grow	21632	0.233	0.515	3.963	-0.508

（二）基本检验结果

表 6-3 的列（1）、列（3）、列（5）是产业政策扶持和股利分配意愿的关系，列（2）、列（4）、列（6）是产业政策扶持和股利分配水平的关系。列（1）和列（2）是不加任何控制变量的回归，列（3）和列（4）是加入控制变量后的回归，列（5）和列（6）是加入了控制变量后又控制了年度和行业。在未控制年份和行业时，IP 和 Dum_div 的回归系数为负，但不显著，当控制了年份和行业后，IP 和 Dum_div 的回归系数在 5% 的显著水平上为负，说明产

业政策扶持企业股利分配意愿也更低，但是这种负相关关系在一定程度上受年份和行业的影响。IP 和 Div 均在 1% 水平上显著为负，说明产业政策扶持显著降低了企业现金股利的分配水平。结果符合前文所提到的投资驱动效应，受产业政策扶持的企业投资机会更多，投资规模更大，企业的现金留存更少，股利的分配意愿和分配水平更低。

表 6-3　产业政策和股利分配意愿以及股利分配水平

变量	(1) Dum_div	(2) Div	(3) Dum_div	(4) Div	(5) Dum_div	(6) Div
Constant	0.145 (1.49)	0.087*** (8.52)	-4.742*** (-22.09)	-0.552*** (-32.35)	-6.329*** (-23.62)	-0.600*** (-30.29)
IP	-0.045* (-1.70)	-0.009*** (-3.22)	-0.021 (-1.12)	-0.005*** (-2.96)	-0.057** (-2.03)	-0.008*** (-3.69)
Lev			-1.415*** (-24.97)	-0.097*** (-20.22)	-1.664*** (-24.65)	-0.107*** (-20.81)
Roa			4.931*** (17.59)	1.185*** (62.84)	6.579*** (20.01)	1.192*** (63.21)
Shr1			0.326*** (4.81)	0.068*** (11.78)	0.406*** (5.46)	0.069*** (12.10)
Pnum			0.240*** (4.79)	0.023*** (5.45)	0.310*** (5.66)	0.023*** (5.42)
Size			0.293*** (29.72)	0.027*** (35.63)	0.345*** (29.06)	0.030*** (35.20)
Cfo			0.366** (2.51)	0.168*** (13.39)	0.922*** (5.68)	0.193*** (15.42)
Intangible			-1.148*** (-6.46)	-0.097*** (-6.12)	-1.114*** (-5.57)	-0.063*** (-3.90)
Age			-0.516*** (-18.30)	-0.021*** (-9.27)	-0.483*** (-13.19)	-0.014*** (-5.30)
State			-0.115*** (-5.57)	-0.007*** (-3.78)	-0.103*** (-4.37)	-0.004** (-2.07)

变量	(1)	(2)	(3)	(4)	(5)	(6)
	Dum_div	Div	Dum_div	Div	Dum_div	Div
Grow			-0.102^{***}	-0.015^{***}	-0.145^{***}	-0.015^{***}
			(-5.40)	(-9.37)	(-6.96)	(-9.36)
Year/Ind					Yes	Yes
PseudoR2	0.1228	-0.0431	0.1040	-0.3462	0.2443	-0.402
N	21632	21632	21632	21632	21632	21632

注：被解释变量是 Dum_div 时，采用 Probit 回归，并进行了公司层面的聚类分析；被解释变量是 Div 时，采用 Tobit 回归。括号中报告的是 t 值，＊＊＊、＊＊、＊分别表示回归系数在 1%、5%、10%的置信水平显著。

以上模型主要通过平均效应来检验产业政策对企业现金股利的影响。为考虑"十二五"规划这一近年来重要产业政策的影响，利用"十二五"规划出台这一"外生政策影响"，选取 2006～2015 年沪深 A 股上市公司的样本数据，构建如下模型（DID 模型）：

$$Dum\_div（Div）= \alpha_0 + \alpha_1 Post + \alpha_2 Treat + \alpha_3 Post \times Treat + \sum Control + \varepsilon \quad (6-2)①$$

Post 在 2011 年以前取 0，2011 年及以后取 1。Treat 用来区分实验组和控制组，借鉴孟庆玺等（2016）的做法，如果某一行业不受"十一五"规划影响而受"十二五"规划影响，此时 Treat 取 1，作为实验组，如果某一行业都不受两个"五年规划"影响，此时 Treat 取 0，作为控制组。双重差分使用个体数据而非简单的样本均值变化考虑政策影响，从而判断政策影响是否具有显著的统计意义。双重差分可以避免因变量和自变量的互相影响以及政策作为自变量所带来的内生性，相对于传统研究政策影响的方法更加稳健。但是实验组如果没有受到政策影响，应保持与控制组相似的时间和趋势效应，要求双重差分模型使用时必须满足"平行趋势假定"这一基本前提。本书采用两种方法

---

① 这里主要考察"十二五"规划带来的影响，后面的进一步分析是整个产业政策对现金股利的中介和调节。

进行了平行趋势检验，第一种采用陈胜蓝和马慧（2017）的方法，选取 2011 年之前的样本，比较实验组和控制组在"十二五"规划之前的股利支付水平的差异。表 6-4 中的 Panel A 提供了相关检验结果，在控制其他变量后，Treat 的回归系数没有通过显著性检验，表明在"十二五"规划之前，受产业政策扶持和不受产业政策扶持股利支付水平没有显著差别。因此，初步认为实验组和控制组在"十二五"规划之前具有平行趋势。第二种方法是在错层的准自然实验中借鉴 Serfling（2016）的做法，将行业是否受"十二五"规划扶持按时段进行区分并设置相应虚拟变量，Treat 2007 代表 2007 年[①]行业是否受"十二五"规划扶持的虚拟变量，如果 2007 年行业受"十二五"规划扶持，Treat 2007 取 1，否则取 0。其他年份虚拟变量依次类推。表 6-4 中的 Panel B 提供了相应的回归结果，在控制其他变量后，2011 年以前 Treat 虚拟变量的系数不显著，2011 年后的 Treat 虚拟变量系数绝对值更大，而且都在 5% 的水平显著，从平均处理效应来看，平均趋势假定得以基本满足。

表 6-4　平行趋势检验：产业政策与现金股利

变量	Coefficient	SE	t	P>∣t∣	N
Panel A：2011 年前检验					
Div（Treat）	−0.014	0.009	−1.56	0.119	2431
其他控制变量		控制			
年度		控制			
公司		控制			
Panel B：分时段检验					
Div（Treat2007）	0.011	0.012	0.92	0.355	6487
Div（Treat2008）	−0.034	0.014	−0.88	0.379	6487
Div（Treat2009）	−0.029	0.014	−1.34	0.179	6487
Div（Treat2010）	−0.013	0.015	−0.88	0.379	6487

---

① 政策的影响具有滞后性，因此从 2007 年开始检验平行趋势假设。

变量	Coefficient	SE	t	P>|t|	N
Panel B：分时段检验					
Div（Treat2011）	−0.015	0.016	−0.96	0.337	6487
Div（Treat2012）	−0.042***	0.015	−2.77	0.006	6487
Div（Treat2013）	−0.052***	0.014	−3.59	0.000	6487
Div（Treat2014）	−0.038**	0.016	−2.41	0.016	6487
Div（Treat2015）	−0.046***	0.016	−2.81	0.005	6487
Control		Yes			
Year/Ind		Yes			

注：只对 Div 进行了平行趋势检验，采用 Tobit 回归。Panel A 是 2006~2010 年（"十二五"规划）出台之前样本的检验。Panel B 是分年度进行的检验。***、**、* 分别表示回归系数在 1%、5%、10%的置信水平显著。

模型（6-2）的回归结果如表6-5所示。Post×Treat 前面的系数 α_3 应是我们重点关心的，因为它是把产业政策扶持带给企业股利影响的混杂因素都剔除掉后的一种净效应，根据双重差分，列（6）加入了所有控制变量并控制了年份和行业后的回归结果，可以看出，当企业不受"十一五"规划影响而受"十二五"规划影响时，企业的股利分配水平显著更小，这和前文的结果基本一致。股利分配意愿的系数为负但不显著，可能的原因是股利分配意愿往往受管理层心理预期的影响，"十二五"规划的实施往往也有政策的滞后期，这种心理因素导致的结果在实证分析中并不会准确地揭示。

表6-5　"十二五"规划与现金股利：双重差分的回归结果

变量	（1）Dum_div	（2）Div	（3）Dum_div	（4）Div	（5）Dum_div	（6）Div
Constant	0.220*** (7.47)	0.080*** (24.24)	−7.522*** (−15.64)	−0.638*** (−19.35)	−7.960*** (−15.25)	−0.669*** (−18.80)
Post	0.516*** (13.33)	0.028*** (6.77)	0.412*** (8.96)	0.021*** (5.59)	0.287*** (2.97)	−0.001 (−0.08)

续表

变量	（1）Dum_div	（2）Div	（3）Dum_div	（4）Div	（5）Dum_div	（6）Div
Treat	0.301***	0.045***	−0.053	−0.005	−0.190**	0.002
	(4.88)	(6.75)	(−0.77)	(−0.89)	(−2.00)	(0.26)
Post×Treat	−0.176**	−0.051***	0.007	−0.011	−0.017	−0.017**
	(−2.19)	(−6.00)	(0.08)	(−1.58)	(−0.18)	(−2.57)
Lev			−1.892***	−0.111***	−2.081***	−0.125***
			(−16.48)	(−12.90)	(−16.57)	(−13.73)
Roa			5.503***	1.186***	6.078***	1.166***
			(9.66)	(37.35)	(10.50)	(36.29)
Shr1			0.004***	0.001***	0.005***	0.001***
			(3.17)	(6.43)	(3.58)	(6.64)
Pnum			0.053	0.043***	0.106	0.041***
			(0.52)	(5.49)	(1.01)	(5.22)
Size			0.438***	0.029***	0.445***	0.031***
			(19.07)	(20.17)	(18.34)	(20.26)
Cfo			1.094***	0.231***	1.159***	0.228***
			(3.98)	(10.92)	(4.14)	(10.74)
Intangible			−1.146***	−0.104***	−1.091***	−0.079***
			(−3.61)	(−4.10)	(−3.11)	(−2.93)
Age			−0.513***	−0.027***	−0.488***	−0.025***
			(−8.39)	(−6.29)	(−7.33)	(−5.43)
State			−0.0100	0.00200	−0.0230	0
			(−0.24)	(0.58)	(−0.54)	(−0.15)
Grow			−0.184***	−0.010***	−0.175***	−0.007**
			(−5.34)	(−3.48)	(−5.02)	(−2.54)
Year/Ind					Yes	Yes
Pseudo R2	0.0294	−0.0095	0.1813	−0.4322	0.2038	−0.4622
N	6487	6487	6487	6487	6487	6487

注：被解释变量是 Dum_div 时，采用 Probit 回归，并进行了公司层面的聚类分析；被解释变量是 Div 时，采用 Tobit 回归。括号中报告的是 t 值，***、**、*分别表示回归系数在 1%、5%、10%的置信水平显著。

即使我们使用双重差分的方法，依然检验的还是产业政策和股利政策关系的平均效应，为了考虑产业政策对股利政策的影响随着时间变动的差异，借鉴孟庆玺等（2016）的研究，考虑了"十二五"规划对企业股利政策的时间动态效应，建立模型（6-3），其中 D 为年度虚拟变量，取值为 2011～2015 年，α_3 分别是每一个年度"十二五"规划给企业股利政策带来的净处理效应。其他变量与模型（6-2）保持一致。年度动态效应如表 6-6 所示。

$$Dum\_div（Div）= \alpha_0 + \alpha_1 Post + \alpha_2 Treat + \alpha_3 \sum D \times Treat + \sum Control + \varepsilon$$

（6-3）

表 6-6　"十二五"规划对股利政策的年度动态效应

变量	2011 年	2012 年	2013 年	2014 年	2015 年	N
Dum_div	0.294 (1.86)*	-0.114 (-0.75)	-0.063 (-0.43)	-0.074 (-0.53)	-0.079 (-0.54)	6487
Div	0.002 (0.20)	-0.019* (-1.81)	-0.028*** (-2.76)	-0.018* (-1.80)	-0.019* (-1.79)	6487

注：被解释变量是 Dum_div 时，采用 Probit 回归，并进行了公司层面的聚类分析，被解释变量是 Div 时，采用 Tobit 回归。括号中报告的是 t 值，***、**、* 分别表示回归系数在 1%、5%、10% 的置信水平显著。

从表 6-6 的回归结果可以看出，"十二五"规划对股利分配意愿的负向作用不显著，原因前文已述，但对股利分配水平的负向影响是先上升后下降的趋势，而且在 2012～2015 年的负向影响都呈现统计显著，符合政策影响的时间动态规律。

（三）稳健性检验

为了获取可靠的结论，本章对产业政策、"十二五"规划与股利的关系进行了稳健性检验。表 6-7 的左半部分是产业政策影响现金股利的稳健性检验：①为避免政策本身可能存在非随机干预引起的内生性问题，采用倾向得分匹配（PSM）的方法进行了稳健性检验。我们采用了无放回的一对一匹配。图 6-1（a）

表6-7 稳健性检验：产业政策、"十二五"规划与现金股利

变量	产业政策影响的稳健性检验					"十二五"规划影响的稳健性检验				
	PSM		剔除样本		替换变量	PSM+DID		固定效应	替换变量
	Dum_div	Div	Dum_div	Div	Div	Dum_div	Div	Div	Div
Constant	-5.757*** (-17.21)	-0.540*** (-21.59)	-6.028*** (-21.37)	-0.592*** (-28.01)	-0.066*** (-17.70)	-4.867*** (-5.32)	-0.603*** (-9.48)	-0.239* (-1.96)	-0.087*** (-12.84)
IP	-0.152*** (-3.55)	-0.014*** (-4.11)	-0.053* (-1.78)	-0.008*** (-3.51)	-0.002*** (-4.93)				
Post						0.467** (1.99)	0.0140 (0.81)	0.046** (2.25)	-0.006*** (-4.31)
Treat						0.223 (1.10)	0.038*** (2.59)	0.000 (0.00)	0.002 (1.35)
PostXtreat						-0.384** (-2.05)	-0.033** (-2.42)	-0.022*** (-2.64)	-0.003** (-2.50)
Lev	-1.565*** (-18.06)	-0.100*** (-15.00)	-1.621*** (-22.44)	-0.104*** (-18.68)	-0.011*** (-11.23)	-1.955*** (-8.31)	-0.156*** (-9.32)	-0.118*** (-6.30)	-0.014*** (-8.32)
Size	0.323*** (21.70)	0.028*** (26.06)	0.329*** (26.36)	0.029*** (32.61)	0.003*** (21.73)	5.906*** (6.28)	0.029*** (11.12)	0.027*** (5.73)	0.004*** (13.54)
Roa	6.696*** (19.23)	1.164*** (46.85)	6.429*** (18.59)	1.194*** (59.04)	0.254*** (71.03)	0.003 (1.37)	1.238*** (20.06)	0.899*** (12.96)	0.239*** (38.92)
Shr1	0.406*** (4.23)	0.072*** (9.83)	0.448*** (5.65)	0.069*** (11.26)	0.015*** (13.85)	0.278 (1.39)	0.000** (2.37)	0.00100 (1.47)	0.000*** (5.36)

续表

| 变量 | 产业政策影响的稳健性检验 | | | | | "十二五" 规划影响的稳健性检验 | | | |
| | PSM | | 剔除样本 | | 替换变量 | PSM+DID | | 固定效应 | 替换变量 |
	Dum_div	Div	Dum_div	Div	Div	Dum_div	Div	Div	Div
Pnum	0.297***	0.011**	0.290***	0.021***	0.007***	0.283***	0.0140	-0.00300	0.007***
	(4.26)	(2.05)	(5.01)	(4.60)	(8.31)	(7.44)	(0.99)	(-0.23)	(4.59)
Cfo	0.986***	0.193***	1.018***	0.192***	0.044***	0.527	0.170***	0.099***	0.049***
	(4.66)	(11.49)	(5.88)	(14.24)	(18.69)	(0.93)	(4.04)	(4.68)	(11.95)
Intangible	-1.053***	-0.060***	-1.012***	-0.069***	-0.012***	-2.181***	-0.082*	-0.09	-0.011**
	(-4.05)	(-2.91)	(-4.69)	(-3.98)	(-3.89)	(-3.55)	(-1.81)	(-1.53)	(-2.21)
Age	-0.474***	-0.015***	-0.465***	-0.013***	-0.003***	-0.476***	-0.023***	-0.108***	-0.003***
	(-10.34)	(-4.28)	(-11.86)	(-4.43)	(-5.63)	(-4.02)	(-2.99)	(-3.42)	(-3.28)
Grow	-0.131***	-0.017***	-0.131***	-0.015***	-0.003***	0.058	0.006	0.002	-0.002***
	(-5.07)	(-8.04)	(-5.90)	(-8.92)	(-10.87)	(0.68)	(0.97)	(0.53)	(-3.11)
State	-0.112***	-0.00300	-0.111***	-0.00200	-0.003***	0.040	0.006	-0.015	-0.001**
	(-3.50)	(-1.36)	(-4.40)	(-1.23)	(-7.18)	(0.48)	(0.97)	(-1.00)	(-2.06)
Year/Ind	Yes	Yes	Yes	Yes	Yes	Yes	Yes	Yes	Yes
Pseudo R²/R²	0.2477	-0.3717	0.2467	-0.3967	-0.1007	0.164	-0.4389	0.2971	-0.1038
N	12621	12621	19020	19020	21632	2008	2014	6487	6487

注：采用 PSM+DID 和替换变量进行稳健性检验时，被解释变量是 Dum_div 时，采用 Probit 回归，并进行了公司层面的聚类分析，被解释变量是 Div 时，采用 Tobit 回归；采用固定效应模型进行稳健性检验时，进行了公司层面聚类分析，括号中报告的是 t 值，***、**、* 分别表示回归系数在1%、5%、10%的置信水平显著。

是样本匹配前实验组以及控制组的密度函数图，图 6-1（b）是样本匹配后实验组以及控制组的密度函数图，从前后的密度函数图可以看出，匹配效果较好。②为剔除"半强制分红"和金融危机的影响，剔除了 2008 年和 2012 年的样本重新进行了检验。③为了控制被解释变量的偏差，采用梁相和马忠（2017）的做法，用年度股利总额/净资产代替股利分配水平。所有回归结果都支持产业政策对现金股利影响的结论。表 6-7 的右半部分是"十二五"规划影响现金股利的稳健性检验：①为避免政策本身可能存在非随机干预引起的内生性问题，采用倾向得分匹配（PSM+DID）的方法进行了稳健性检验。我们采用了无放回的一对一匹配。图 6-2（a）是样本匹配前实验组以及控制组的密度函数图，图 6-2（b）是样本匹配后实验组以及控制组的密度函数图，从前后的密度函数图可以看出，匹配效果较好。②为了控制模型估计导致的偏误，当因变量是分配水平时我们使用固定效应模型回归。③同样为了控制被解释变量的偏差，采用年度股利总额/净资产代替股利分配水平。所有回归结果也都支持"十二五"规划对现金股利影响的结论。

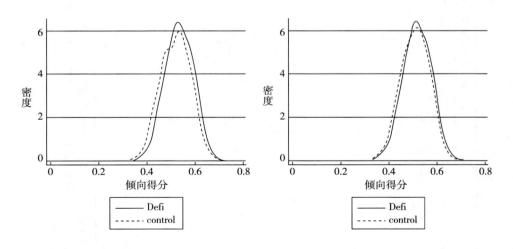

图 6-1　产业政策与股利 PSM 密度函数

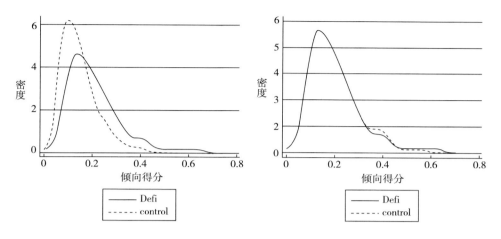

图 6-2　"十二五"规划与股利 PSM 密度函数

五、进一步分析

（一）产业政策扶持降低了股利分配：作用机制分析

1. 产业政策扶持降低股利分配水平的中介效应检验

产业政策对股利分配水平的负向作用主要源于企业的投资驱动：受产业政策扶持的企业将面临更多的投资机会，可能出现企业投资和资本支出的"潮涌现象"和"羊群效应"，企业会大幅投资于产业政策扶持的行业，不断扩大产能。由于政府和企业的信息不对称，企业面临着更高的资金需求。为了满足投资的需要，企业又会选择从内部筹集资金，减少现金股利的分配。因此，产业政策所带来的投资机会（用资本支出额表示）的增加是产业政策导致股利分配水平降低的中介效应。

本章借鉴温忠麟等（2004）的中介效应三步检验法，第一步重复模型

産業政策对企业财务行为影响研究

(6-1)，第二步利用模型（6-4）和模型（6-5）进行检验，模型（6-4）借鉴了 Chen 等（2011）以及黎文靖和李耀淘（2014）的产业政策激励对企业资本支出影响的研究①。其中，Invest 代表资本支出投资额，Ltq 代表企业成长机会（Tq）的滞后一期，Llev 代表负债程度的滞后一期，Cash、Tangible、Profit 分别是企业的货币资金、固定资产和净利润，并用年末总资产进行了标准化处理。模型（6-5）在模型（6-1）的基础上在解释变量中加入了资本支出的影响。中介效应的检验结果如表 6-8 所示。

$$Invest = \alpha_0 + \alpha_1 IP + \alpha_2 Size + \alpha_3 Cfo + \alpha_4 Grow + \alpha_5 Ltq + \alpha_6 Llev + \alpha_7 Cash + \alpha_8 Tangible +$$
$$\alpha_9 Profit + \sum Industry + \sum Year + \varepsilon \qquad (6-4)$$

$$Div = \beta_0 + \beta_1 IP + \beta_2 Invest + \beta_3 Lev + \beta_4 Roa + \beta_5 Shr1 + \beta_6 Pnum + \beta_7 Size + \beta_8 Cfo +$$
$$\beta_9 Intangible + \beta_{10} Age + \beta_{11} State\alpha_t + \beta_{12} Grow + \sum Industry + \sum Year + \varepsilon \qquad (6-5)$$

表 6-8　产业政策对现金股利的影响——基于投资的中介效应

变量	(1) Div	(2) Invest	(3) Div
Constant	-0.600*** (-30.29)	-0.005 (-0.51)	-0.600*** (-30.29)
IP	-0.008*** (-3.69)	0.004*** (4.20)	-0.008*** (-3.72)
Invest			-0.019* (-1.76)
Lev	-0.107*** (-20.81)		-0.107*** (-20.78)
Roa	1.192*** (63.21)		1.195*** (63.24)
Shr1	0.069*** (12.10)		0.068*** (12.05)
Pnum	0.023*** (5.42)		0.023*** (5.45)
Intangible	-0.063*** (-3.90)		-0.060*** (-3.71)
Age	-0.014*** (-5.30)		-0.014*** (-5.47)

① 由于股利分配倾向往往表示管理者的一种预期，侧重衡量一种心理因素，本书只对股利分配水平的中介效应进行了检验。

· 134 ·

续表

变量	（1）	（2）	（3）
	Div	Invest	Div
State	-0.004^{**} （-2.07）		-0.004^{**} （-2.24）
Size	0.030^{***} （35.20）	0.002^{***} （3.98）	0.030^{***} （35.24）
Cfo	0.193^{***} （15.42）	0.061^{***} （7.26）	0.194^{***} （15.48）
Grow	-0.015^{***} （-9.36）	0.025^{***} （14.36）	-0.014^{***} （-8.99）
Ltq		0.004^{***} （6.30）	
Llev		-0.000^{**} （-2.50）	
Cash		-0.039^{***} （-8.47）	
Tangible		0.077^{***} （21.26）	
Profit		0.186^{***} （11.25）	
Year/Ind/Firm	Yes	Yes	Yes
Pseudo R^2/R^2	-0.4020	0.0911	-0.4022
N	21632	21632	21632

注：模型 1 和模型 5 的被解释变量是 Div，采用 Tobit 回归；模型 4 的回归采用了固定效应的公司层面聚类分析。括号中报告的是 t 值，$***$、$**$、$*$ 分别表示回归系数在 1%、5%、10%的置信水平显著。

为验证资本支出在产业政策和现金股利政策之间是否发挥中介效应，本章分以下三步进行检验。第一步，在不加入资本支出的基础上对模型（6-1）进行回归，检验产业政策对现金股利政策的影响，分析模型（6-1）的回归结果中 IP 的系数。第二步，检验产业政策对资本支出水平的影响，分析模型（6-4）的回归结果中的系数 α_1。第三步，同时分析产业政策和资本支出水平对现金股利政策的影响，分析模型（6-5）的回归系数 β_1 和 β_2。模型（6-1）中 IP 的回归系数显著为负，模型（6-4）中回归系数 α_1 显著为正，模型（6-5）的回归系数 β_1 和 β_2 显著为负，正负号和显著性都满足本书对于中介效应的检验假设，资本支出在产业政策对现金股利分配水平的影响过程中具有部分的中介效应。即产业政策扶持的企业，资本支出增加，间接导致了企业股利分配水平的下降。

2. 产业政策扶持导致的资本投资是否提高了企业的投资效率

从中介效应检验可以看出，产业政策扶持显著提高了企业的资本支出，但是我国资源依赖下的产业政策是否能提高被扶持企业的投资效率？政府出台产业政策并使用行政手段进行稀缺资源配置，最初是为了弥补市场失灵、优化产业结构等宏观经济政策目标的实现，对单个行业和企业来说，投资效率和效果未必增加（黎文靖和李耀淘，2014）。进一步地，以"政府干预代替市场机制"的产业政策会阻碍市场竞争（江飞涛和李晓萍，2010）。产业政策的出台降低了企业投资成本，降低了某些行业的准入门槛，催生了投资"潮涌现象"，促使公司盲目扩大产能，引发公司过度投资。在信息不对称情况下，产业政策实施带来了市场上稀缺资源的错配或误配，从而可能引发微观企业投资效率的损失。

借鉴投资对投资效率（Stein，2003；黎文靖和李耀淘，2014）的研究，在模型（6-4）中将资本支出与成长机会（Tq）的敏感度作为考察投资效率指标，建立模型（6-6），模型（6-6）在模型（6-4）的基础上加入了产业政策扶持（IP）和成长机会滞后一期（Ltq）的交叉项来考察产业政策扶持导致的资本支出增加是否提高企业的投资效率。

$$Invest = \alpha_0 + \alpha_1 IP + \alpha_2 Ltq + \alpha_3 IP \times Ltq + \alpha_4 Cfo + \alpha_5 Grow + \alpha_6 Size + \alpha_7 Llev + \alpha_8 Cash +$$
$$\alpha_9 Tangible + \alpha_{10} Profit + \sum Year + \varepsilon \qquad (6-6)$$

参考 Richardson（2006）的模型，估算公司投资的正常水平，如模型（6-7）所示，然后用模型（6-7）估计的回归残差的绝对值（Efficient）代表企业的投资效率[①]。残差>0，代表公司投资过度程度（Over），残差<0，代表公司投资不足程度（Under）。模型（6-8）考察了产业政策扶持所导致的资本支出增加的投资效率。

---

① 投资效率（Efficient）取绝对值后是一个反指标，数值越大，投资效率越低。

$$Invest = \alpha_0 + \alpha_1 Opp_{t-1} + \alpha_2 Lev_{t-1} + \alpha_3 Cash_{t-1} + \alpha_4 Age_{t-1} + \alpha_5 Size_{t-1} + \alpha_6 Roe_{t-1} +$$

$$\alpha_7 Inv_{t-1} + \sum Industry + \sum Year + \varepsilon \tag{6-7}$$

$$Efficient\ (Over/Under) = \theta_0 + \theta_1 IP + \theta_2 Lsize + \theta_3 Lsalegrow + \theta_4 Lcash + \theta_5 Lage +$$

$$\theta_6 Lprofit + \theta_7 Lcfo + \theta_8 Ladm + \theta_9 State + \sum Industry +$$

$$\sum Year + \varepsilon \tag{6-8}$$

模型（6-7）中因变量 Invest 为 t 年资本投资量；Opp_{t-1} 代表企业增长机会，用 t-1 年的销售增长率表示；Lev_{t-1}、$Cash_{t-1}$、Age_{t-1}、$Size_{t-1}$、Roe_{t-1}、Inv_{t-1} 分别代表企业 t-1 年末的负债比率、现金持有水平、公司年龄、公司规模大小、公司净资产收益率和公司投资支出的滞后一期。模型（6-8）中因变量 Efficient（Over/Under）为模型（6-7）估计的残差的绝对值（残差）；Lsize、Lsalegrow、Lcash、Lage、Lprofit、Lcfo、Ladm 分别代表公司规模、营业收入增长率、现金持有、公司年龄、销售净利润率、经营活动现金流量、管理费用率的滞后一期。此外，以上模型中还加入了年度控制变量 Year，并采用固定效应的公司层面聚类分析。产业政策扶持与资本支出投资效率的回归结果如表 6-9 所示，列（1）IP×Ltq 的回归系数为正，但没有通过显著性检验，列（2）IP 的回归系数为负，同样没有通过显著性检验，产业政策的资本支出增加没有显著提高企业的投资效率，从列（3）和列（4）的回归系数可以看出，产业政策没有显著抑制投资过度和缓解投资不足。列（5）的回归加入了 IP 和 Efficient 的交乘项 IP×Efficient 来考察产业政策的投资效率对股利分配水平的影响，IP×Efficient 的回归系数在 5% 的水平显著为负，产业政策带来的资本支出的无效率强化了产业政策与股利分配水平的负向关系①。

---

① 考察产业政策带来投资的无效率对股利分配水平的影响，对股利分配意愿的影响不大。

表6-9　产业政策扶持与资本支出的投资效率

变量	(1) 投资额	(2) 投资效率	(3) 投资过度	(4) 投资不足	(5) 股利分配水平
Constant	−0.004	0.209 ***	0.313 ***	−0.150 ***	−0.543 ***
	(−0.37)	(30.33)	(18.32)	(−33.12)	(−28.94)
IP	0.003	−0.001	−0.002	0.001	−0.004 *
	(1.21)	(−1.46)	(−1.31)	(1.21)	(−1.90)
IP×Ltq	0.001				
	(0.80)				
Ltq	0.004 ***				
	(3.98)				
Efficient					−0.083 ***
					(−3.62)
IP×Efficient					−0.047 **
					(−1.99)
Llev	−0.000 **				
	(−2.43)				
Size	0.002 ***				0.027 ***
	(3.94)				(30.49)
Cfo	0.061 ***				0.175 ***
	(7.27)				(13.35)
Grow	0.025 ***				−0.014 ***
	(14.38)				(−8.52)
Cash	−0.039 ***				
	(−8.47)				
Tangible	0.078 ***				
	(21.26)				
Profit	0.186 ***				
	(11.26)				
Lsize		−0.007 ***	−0.011 ***	0.005 ***	
		(−24.07)	(−14.79)	(25.29)	

续表

变量	（1）	（2）	（3）	（4）	（5）
	投资额	投资效率	投资过度	投资不足	股利分配水平
Lsalegrow		−0.000 ***	−0.000 ***	−0.000 *	
		（−27.05）	（−18.51）	（−1.85）	
Lcash		0.004	0.017 **	−0.006 ***	
		（1.38）	（2.12）	（−2.93）	
Lage		−0.008 ***	−0.009 ***	0.007 ***	
		（−8.37）	（−3.66）	（10.66）	
Lprofit		0.009 ***	0.026 ***	0.007 ***	
		（3.08）	（3.30）	（3.71）	
Lcfo		0.044 ***	0.052 ***	−0.020 ***	
		（10.50）	（5.50）	（−6.22）	
Ladm		0.019 ***	0.0280	−0.014 ***	
		（3.14）	（1.57）	（−4.31）	
Lev					−0.099 ***
					（−20.91）
Roa					1.213 ***
					（42.69）
Shr1					0.061 ***
					（10.15）
Pnum					0.018 ***
					（4.35）
Intangible					−0.095 ***
					（−6.46）
Age					−0.017 ***
					（−6.83）
Year/Ind/Firm	Yes	Yes	Yes	Yes	Yes
Pseudo R^2/R^2	0.0911	0.0509	0.0683	0.0757	−0.4025
N	21632	21632	7792	13840	21632

注：列（1）、列（2）、列（3）、列（4）回归采用了固定效应的公司层面聚类分析；列（5）回归被解释变量是 Div，采用 Tobit 回归。括号中报告的是 t 值，*** 、 ** 、 * 分别表示回归系数在 1%、5%、10%的置信水平显著。

（二）产业政策扶持降低了现金股利：拓展性检验

1. 产权性质的调节作用

受产业政策扶持的企业，资本支出大幅增加，企业留存现金流量减少，企业股利分配程度较低。不同的产权属性使得国有和民营企业在企业体制与企业运行机制上有着很大差别，从而导致国有和民营企业受产业政策扶持的影响产生较大差异。民营企业更多地分布在各种竞争性程度比较高的行业，在行业准入上遭受一定的进入歧视，无法轻易进入那些相对垄断的行业，如信息技术、煤气、电力等行业（夏立军和陈信元，2007）。然而国有企业却很少受到上述困扰。产业政策对股利的负向影响可能会因企业产权属性的不同而有所差异。本章根据产权属性进行了分组，检验不同产权属性下产业政策与股利的关系，结果如表 6-10 所示。在国有样本中，IP 与 Dum_div 和 Div 的回归系数显著为负，但在非国有样本中，IP 与 Dum_div 和 Div 的回归系数虽然为负但并不显著，国有企业在分配意愿和股利分配水平方面受产业政策的影响更大，而非国有企业股利分配意愿和分配水平几乎不受产业政策的影响。相对于民营企业，国有企业所受产业政策扶持的力度更大，受政府的干预更多，行业的准入门槛更低，投资机会和投资支出相对于民营企业更多。根据前文所述的投资驱动效应，更多的投资机会和投资支出使得受产业政策扶持的国有企业的股利分配更低。总体来说，产业政策扶持显著降低了国有企业现金股利的分配意愿和分配水平，而对非国有企业的这种负向影响并不显著。

表 6-10　不同产权属性下产业政策与现金股利的关系

变量	国有		非国有	
	Dum_div	Div	Dum_div	Div
Constant	-6.477^{***}	-0.590^{***}	-6.760^{***}	-0.654^{***}
	(-17.53)	(-22.91)	(-16.33)	(-19.97)

变量	国有		非国有	
	Dum_div	Div	Dum_div	Div
IP	−0.064*	−0.009***	−0.041	−0.004
	(−1.65)	(−3.15)	(−0.99)	(−1.12)
Lev	−1.722***	−0.087***	−1.538***	−0.121***
	(−18.04)	(−12.50)	(−16.13)	(−15.69)
Roa	7.746***	1.411***	5.626***	1.005***
	(18.94)	(52.97)	(15.98)	(37.79)
Shr1	0.272***	0.032***	0.502***	0.106***
	(2.58)	(4.15)	(4.64)	(12.44)
Pnum	0.248***	0.010*	0.364***	0.037***
	(3.21)	(1.71)	(4.73)	(5.88)
Size	0.370***	0.030***	0.340***	0.030***
	(23.70)	(29.36)	(19.10)	(22.03)
Cfo	0.312	0.098***	1.402***	0.272***
	(1.39)	(5.82)	(6.30)	(14.81)
Intangible	−1.023***	−0.079***	−1.335***	−0.055**
	(−3.88)	(−4.14)	(−4.14)	(−2.00)
Age	−0.552***	−0.014***	−0.420***	−0.014***
	(−9.17)	(−3.34)	(−9.42)	(−4.12)
Grow	−0.093***	−0.008***	−0.178***	−0.017***
	(−3.19)	(−3.76)	(−6.87)	(−7.75)
Year/Ind	Yes	Yes	Yes	Yes
Pseudo R2	0.2509	−0.4620	0.2538	−0.3872
N	10657	10657	10975	10975

注：被解释变量是 Dum_div 时，采用 Probit 回归，并进行了公司层面的聚类分析；被解释变量是 Div 时，采用 Tobit 回归。括号中报告的是 t 值，***、**、* 分别表示回归系数在 1%、5%、10% 的置信水平显著。

2. 市场竞争程度的调节作用

一个国家实施产业政策的初衷就是要弥补市场失灵，更加合理地配置资源。政府和市场对企业进行的微观调控是相辅相成的，政府采用的行政干预手段对公司的财务活动（投资和融资活动）产生影响的同时也受制于企业所处的外部市场环境。企业普遍存在股东与管理层之间的代理问题，这是由于股东和管理层之间的信息不对称以及代理冲突所导致的，外部市场环境中的高市场竞争程度却能在一定程度上减少这种代理问题，促进企业资源的合理分配，提高企业投资效率。原因是处于竞争程度较高行业的企业面临更大的生存和发展风险，由于所处的市场环境竞争程度较高，很容易被行业挤出或淘汰，为了抢占市场份额获得竞争优势，它们需要不断开发投资新产品进行技术更新。过高的企业经营风险的存在也会让经理人面对更多公司发展以及偿债压力，此时，经理人会变得谨慎，也会更加理性地选择能给企业带来净现值较大的项目的投资（何熙琼等，2016）。经理人为了追求企业价值最大化，可能会放弃一些投资行为，使企业留存资金增多，企业股利分配提高，市场竞争程度的提高会弱化产业政策扶持对现金股利的负向影响。

为了考察市场竞争程度的调节作用，本章在衡量市场竞争程度时，选用了学术界普遍使用的赫芬达尔指数（HHI）。作为反指标的 HHI 越低，说明市场内企业的产品销售差异越小，竞争程度也越高；而 HHI 越高，则说明市场内企业产品销售差异越大，竞争程度越低，根据 HHI 的均值进行了分组检验，结果如表 6-11 所示。产业政策对现金股利分配意愿和分配水平的负向影响在市场竞争程度低的子样本中更大，而且都通过了 1% 的显著性检验，在市场竞争程度高的子样本中不显著。市场竞争程度越高，企业风险越大，投资支出少，现金留存多，弱化了产业政策对现金股利的负向影响。

表 6-11　不同市场竞争程度下产业政策与现金股利的关系

变量	市场竞争程度高		市场竞争程度低	
	Dum_div	Div	Dum_div	Div
Constant	−6.305***	−0.664***	−7.045***	−0.586***
	(−18.98)	(−27.48)	(−15.46)	(−17.06)

变量	市场竞争程度高		市场竞争程度低	
	Dum_div	Div	Dum_div	Div
IP	-0.008	-0.003	-0.194***	-0.018***
	(-0.23)	(-1.00)	(-3.74)	(-4.13)
Lev	-1.616***	-0.106***	-1.846***	-0.114***
	(-19.63)	(-17.33)	(-15.30)	(-11.84)
Size	0.330***	0.030***	0.403***	0.030***
	(22.69)	(29.53)	(18.63)	(19.87)
Roa	7.151***	1.204***	5.277***	1.128***
	(17.64)	(54.30)	(9.36)	(31.51)
Shr1	0.316***	0.053***	0.679***	0.112***
	(3.55)	(7.94)	(4.97)	(10.33)
Pnum	0.365***	0.033***	0.209**	0.00400
	(5.41)	(6.48)	(2.16)	(0.50)
Cfo	0.908***	0.197***	1.223***	0.197***
	(4.59)	(13.35)	(4.22)	(8.32)
Intangible	-2.000***	-0.082***	-0.454	-0.063**
	(-7.19)	(-3.80)	(-1.45)	(-2.45)
Age	-0.426***	-0.017***	-0.539***	-0.00300
	(-9.66)	(-5.42)	(-7.96)	(-0.58)
Grow	-0.138***	-0.017***	-0.162***	-0.011***
	(-5.20)	(-8.56)	(-4.78)	(-4.20)
State	-0.082***	-0.003	-0.143***	-0.005
	(-2.87)	(-1.45)	(-3.27)	(-1.43)
Year/Ind	Yes	Yes	Yes	Yes
Pseudo R^2	0.2460	-0.4075	0.2614	-0.4197
N	15038	15052	6580	6580

注：被解释变量是 Dum_div 时，采用 Probit 回归，并进行了公司层面的聚类分析；被解释变量是 Div 时，采用 Tobit 回归。括号中报告的是 t 值，***、**、* 分别表示回归系数在 1%、5%、10%的置信水平显著。

3. 行业成长性的调节作用

除市场竞争程度的影响外，行业成长性在产业政策对现金股利的影响过程中可能也会发挥一定的作用。具备更高成长性的行业意味着行业内企业具备更优良的投资机会和更广阔的发展预期，必然会吸引更多企业的进入，并导致公司间更激烈的竞争。此时，为保持已有的竞争优势和避免行业的淘汰，企业会加大资本投资力度，充分利用政策资源和有限要素，及时把握优良投资机会。

相对于成熟或是衰退的低成长行业，高成长行业对投资机会更为敏感和依赖。高成长企业多为理念或技术领先的高新技术企业，或多处在受政策扶持的战略性新兴产业中，这类企业往往需要更充分的资金支持和更优惠的政策空间，并因此会采取诸多适应性策略以把握和利用好现有投资机会（吴昊旻等，2015），股利支付也会更加保守。本章以年度、行业的 Tobin's Q 中值（Tq）来度量行业成长性。Tobin's Q =（年末股价×年末流通股股数+年末净资产×年末非流通股股数+年末负债总额）/年末总资产。根据行业成长性（Tq）的高低进行了分组检验，结果如表6-12所示。从中可以看到，产业政策与股利分配意愿在两个子样本中都显著为负，说明处于产业政策扶持下的不同成长性的企业都具有减少股利分配的倾向。与股利分配程度的负相关性只在成长性高的子样本中显著。高成长公司受到更多的产业政策扶持，普遍面临良好的发展预期和优良的投资机会，相对于低成长性企业来说，高成长性企业的投资驱动会被进一步激发，企业面临更大的资金需求，减少股利的分配。

表6-12 不同行业成长性的产业政策与现金股利的关系

变量	行业成长性高		行业成长性低	
	Dum_div	Div	Dum_div	Div
Constant	-8.358^{***}	-0.757^{***}	-4.733^{***}	-0.455^{***}
	(-17.34)	(-21.19)	(-12.24)	(-16.81)
IP	-0.067^{*}	-0.012^{***}	-0.075^{*}	-0.00400
	(-1.65)	(-3.63)	(-1.92)	(-1.41)

续表

变量	行业成长性高		行业成长性低	
	Dum_div	Div	Dum_div	Div
Lev	−1.697***	−0.099***	−1.638***	−0.114***
	(−18.41)	(−13.44)	(−16.40)	(−16.12)
Size	0.428***	0.036***	0.273***	0.023***
	(21.52)	(25.83)	(16.21)	(20.34)
Roa	4.897***	1.024***	9.954***	1.498***
	(12.53)	(40.19)	(20.27)	(46.85)
Shr1	0.618***	0.101***	0.209**	0.039***
	(5.54)	(11.63)	(2.06)	(5.43)
Pnum	0.452***	0.024***	0.180**	0.018***
	(5.57)	(3.76)	(2.39)	(3.40)
Cfo	1.575***	0.266***	0.363	0.127***
	(6.98)	(14.62)	(1.58)	(7.49)
Intangible	−1.285***	−0.083***	−0.926***	−0.048**
	(−4.48)	(−3.46)	(−3.17)	(−2.28)
Age	−0.508***	−0.016***	−0.416***	−0.012***
	(−9.76)	(−4.13)	(−8.11)	(−3.38)
Grow	−0.164***	−0.021***	−0.141***	−0.010***
	(−5.17)	(−8.57)	(−5.37)	(−4.87)
State	−0.086**	−0.00100	−0.106***	−0.006**
	(−2.56)	(−0.40)	(−3.11)	(−2.38)
Year/Ind	Yes	Yes	Yes	Yes
Pseudo R^2	0.2385	−0.5306	0.2684	−0.3205
N	10846	10846	10786	10786

注：被解释变量是 Dum_div 时，采用 Probit 回归，并进行了公司层面的聚类分析；被解释变量是 Div 时，采用 Tobit 回归。括号中报告的是 t 值，***、**、*分别表示回归系数在 1%、5%、10% 的置信水平显著。

六、本章小结

（一）研究结论

本章以 2004～2018 年（DID 样本为 2006～2015 年）沪深两市 A 股上市公司为样本，实证检验了上市公司是否受产业政策扶持与现金股利之间的关系。研究结果表明，受投资驱动影响，产业政策扶持显著降低了企业的股利分配意愿和分配水平。进一步地，为了控制内生性和更加直观地考察"十二五"规划与现金股利之间的关系，以"十二五"规划出台这一外生政策构建了双重差分模型，结果表明，"十二五"规划的出台显著降低了企业的现金股利分配水平，而且动态效应分析表明，这种影响随时间呈现先上升后下降的趋势。中介效应检验表明，投资机会导致的资本支出的增加在产业政策与股利分配水平的负向关系中发挥着部分中介作用，而且产业政策扶持没有显著提高企业的投资效率，这也是产业政策导致股利分配水平降低的深层次原因。更进一步地，考虑产权属性、竞争程度和企业成长性的影响，发现产业政策对现金股利的负向影响只在国有样本中存在。相对于竞争程度高的市场环境，市场竞争程度低的样本中，产业政策扶持对现金股利分配意愿和分配水平的负向作用是显著的；相对于行业成长性低的企业，行业成长性高的企业样本中，产业政策扶持对现金股利分配水平的负向作用是显著的。

（二）研究启示

本章拓展了现金股利政策受制度影响的研究，对于产业政策在我国的有效实施以及企业根据产业政策合理安排现金分红具有一定的启示作用。第一，上市公司的现金股利政策会受到宏观产业政策的显著影响，产业政策在提高企业股利，保护中小投资者利益方面的作用不理想。公司在制定自身股利政策时应考虑产业政策的影响，除考虑产业结构的优化升级外，还应进一步考虑中小投资者的权益保障和资本市场的有序健康发展。第二，市场竞争程度会影响产业政策的实施效果，政府在间接调控产业政策时应考虑行业的市场竞争程度，产业政策实施时也需要鼓励行业内的企业更充分地参与竞争，提高企业的投资效率，促进产业内部竞争来促进产业发展，这样有助于政府以较高的效率实现产业政策目标。第三，在国家产业政策出台前，实施部门应首先预判产业政策的影响范围和作用路径，以免出现政策不利于产业正常健康发展问题的出现。政府应转变产业政策激励手段，剔除行业准入门槛，利用好产业政策这一"扶持之手"，配合市场激发公司的创新活力，提高公司国际竞争能力。

（三）研究的不足与展望

本章的不足之处在于，仅将产业政策看成一种外生冲击，研究是否受产业政策扶持对现金股利的影响，由于产业政策扶持力度无法有效识别和衡量，无法探讨不同产业政策扶持力度对现金股利的影响。未来研究可以进一步考虑国家支持、明确股利、重点支持以及政府补贴、税收优惠、政策性贷款等不同政策扶持力度和扶持方式的影响，也可以进一步考虑非扶持企业通过多元化涉入产业政策扶持行业享受政策优惠而带来的影响。

第七章 产业政策对企业财务行为的有效性评估

近年来，无论发展中国家还是发达国家都更加重视产业政策的宏观调控作用（Aggarwal & Evenett，2012），但学术界对产业政策的利弊得失迄今仍争论不休。2016 年，林毅夫教授与张维迎教授的产业政策之辩即反映了不同学派的观点差异。古典经济学认为，市场机制是最有效的资源配置方式，产业政策等政府干预措施可能扭曲企业的生产激励，造成效率损失。传统的发展经济学则认为，无论在发展中国家还是发达国家，产业发展均会遭遇一系列的市场失灵，需要产业政策予以补充。理论众说纷纭，经验证据的审视没有就产业政策的作用达成共识。然而，正如林毅夫（2012）所言，虽然许多国家的产业政策失败了，但目前尚未见到不通过产业政策即能成功追赶发达国家的发展中国家，以及实现持续发展的发达国家。无论从美国、英国、日本的历史发展来看（Johnson，1982），还是从 20 世纪 90 年代"亚洲四小龙"的迅速崛起来看（Amsden，1989；Wade，1990），产业政策在经济增长中均发挥了重要作用。宏观层面的分析与证据虽有高屋建瓴的优势，但宏观数据受到诸多因素干扰，难以从中单独分离出产业政策的作用并细究其成功或失败原因，而这对理论构建与检验恰恰至关重要，亦是政策制定者最为关注的信息。近年来，国内外期刊涌现了大量基于企业微观数据检验宏观政策效果的研究，其中不少文献考察了产业政策的相关问题。微观数据具有丰富的信息含量，有助于全面、深入地理解产业政策如何影响微观主体行为，以及企业动机、制度因素如何影响产业政策功能的发挥，从而为后续政策的制定与调整提供借鉴。

一、产业政策的有效性：政府与市场关系视角

产业政策有广义与狭义之分。广义上，所有影响市场竞争或行业竞争的政策均可以称为产业政策，这一定义过于宽泛。本书探讨的是狭义上的产业政策，即政府选择性地扶持某些特定产业的政策。在国家发展与经济建设过程中，政府面临着资源约束，无法对所有产业同时进行调整与升级，而是需要根据某种标准甄别出特定行业，通过产业政策将有限资源优先配置到这些行业，促进经济增长与收入水平提高（徐朝阳和林毅夫，2010）。关于经济发展是否需要产业政策以及产业政策应当如何制定等问题，国内外学术界展开了激烈争论，2016年林毅夫教授与张维迎教授的产业政策之辩便是其缩影。

古典经济学者认为，市场是资源配置的最有效方式，除维护、保障市场的有效运行外，政府干预对经济发展毫无裨益。只要产权界定清晰，市场机制能自发将稀缺资源配置到产出效率最高的行业（夏大慰，1999）。Becker（1985）甚至认为，最理想的产业政策便是没有产业政策。古典经济学认为，有两个原因导致产业政策是低效率的。首先，关于产业发展前景的信息分散在市场各个参与者手中，政府收集这些信息并制定产业政策的信息成本极度高昂（Hayek，1945）。其次，由政府选择扶持行业或企业会扭曲生产激励，企业可能通过"寻租"的方式来获取竞争优势，破坏市场机制的正常运行，造成效

率损失（Sheilfer & Vishney，1993）。

然而，市场机制的运作以及价格的形成本身也会带来成本，在信息不对称、制度不完善的情况下，通过市场配置，资源面临着高昂的交易成本，市场机制可能失灵。传统的发展经济学者认为，无论在发展中国家还是发达国家，产业发展均会遭遇一系列的市场失灵，需要非市场机制的补充。政府可通过产业政策缓解市场失灵，推进产业结构调整与经济发展。

具体而言，产业政策可用来缓解两类市场失灵（Rodrik，2008）。一类是由于协调外部性造成的市场失灵。新兴产业具有规模经济的特征，需要整合产业链才能获得长足发展。对新兴产业的大规模投资进行协调具有较高的社会价值，但协调活动具有较高成本，完全由企业通过并购的方式整合产业链并不可行。政府通过产业政策可协调同行业内各企业的投资行为，推动产业发展。另一类是由于信息外部性造成的市场失灵。创新成功或失败的信息具有正外部性，可以降低其他市场参与者的风险，是有价值的公共物品。而企业家从创新中获得的个人收益往往会低于其社会价值，因而缺乏足够的创新激励，导致创新投资不足。产业政策可为企业创新提供补贴，缓解市场失灵。Cimoli 等（2012）指出，政府能为企业的信息收集、技术研发与学习创新提供正向激励，缓解正外部性带来的投资不足，推动产业发展。

相比于发达国家，发展中国家政府收集相关信息并制定产业政策的成本相对较低，通过产业政策促进经济增长是可行之道。林毅夫（2007）指出，由于后发优势的存在，发展中国家政府对经济体中的投资、信贷总量、国内外市场的需求等信息比个体企业或机构更具优势，可根据总量信息优势来制定产业政策，缓解市场失灵，促进产业升级与经济增长。

就实践层面而言，产业政策在各国普遍存在，其重要性毋庸置疑，相比于产业政策的必要性与重要性，更为关键的问题在于如何制定更加有效的产业政策（Rodrik，2009）。Lin 和 Chang（2009）就最优产业政策的制定展开了辩论。Lin 认为，政府应当因势利导，根据国家潜在比较优势制定产业政策。若某行业的生产要素成本在全球市场中有优势，但由于软硬基础设施不完善、交易成本过高，导致总成本在全球市场中缺乏竞争力，政府应对该产业给予外部性补偿并帮助完善软硬件措施，将该产业迅速发展成具有竞争优势的行业。Chang 则认为，幼稚行业的技术能力与人力资本的培育需要相当长的时间，在培育过程中，违背比较优势不可避免。张其仔和李灏（2013）指出理想的产业政策不应完全遵循比较优势，也不应完全违背比较优势，而应在发挥现有比较优势和培育新的比较优势之间进行权衡。

近年来，有些关于产业政策的探讨已开始摆脱政府与市场非此即彼的局限。林毅夫（2012）认为，理想的经济增长模式应当是有效市场与有为政府协同发力。Rodrik（2009）认为，政府主导资源配置、进行"赢家挑选"不应成为产业政策重点，应当将产业政策看成一个探索过程，由企业和政府共同发现潜在成本与机会，进行战略合作。成功的产业政策应满足三点要求。首先，政府与企业之间是相互协作的关系，政府并非仅仅是政策制定者与资源分配者。其次，政府需要设立激励与约束机制，将产业政策的支持与某种可测度的业绩指标相关联，明确失败标准与中止条款。最后，产业政策应当公开透明，政府的问责机制也应更加完善。在这一产业政策模式下，政府干预与市场机制并非互斥的替代品，而是相互扶持、政府与企业合作、共同克服信息不完全和协调失灵问题，从而提升资源配置效率，促进经济发展。

二、产业政策的财务有效性

近年来，宏观经济政策与微观企业行为这一研究领域逐渐受到学术界的重视，不少文献基于微观数据检验了货币政策等宏观因素如何影响企业行为，从融资决策（祝继高和陆正飞，2009；饶品贵和姜国华，2013）、投资决策（韩东平和张鹏，2015）、股利政策（全怡等，2016）、公司价值（靳庆鲁等，2012）、会计信息披露（饶品贵和姜国华，2011）各个角度考察了货币政策的微观效应。类似地，也出现了一些基于企业微观数据的产业政策研究，这些研究大致可分为两类：一是从企业微观角度描绘政府实施的产业政策如何影响资源配置；二是当面临政府产业政策时，受逐利动机驱动的市场重要参与者——企业如何调整自身行为，规避政府管制。

有关产业政策是否以及如何影响资源配置的经验证据，是厘清市场与政府在产业发展中作用的关键证据。作为政府意志的体现，产业政策会对资源配置产生影响，在直接行政干预与间接政策引导下，产业政策扶持行业中的企业将会获得更多资源。例如，张纯与潘亮（2012）发现，鼓励性的产业政策使特定行业中的企业获得更多的银行借款，并且政府层级对产业政策的资源配置效应存在影响。连立帅等（2015）的检验表明，受"五年计划"（"五年规划"）支持的高成长企业获得了更多的信贷融资，尤其是长期信贷融资。叶建光和李艳红（2014）研究发现，产业政策指导中的重点支持类企业和一般支持类企业获得了银行贷款的利率优惠；相比于民营企业，国有企业获得了更低的贷款利率。钱爱民等（2015）的实证结果显示，与非扶持行业内的公司相比，扶持行业内的公司获得了更多政府补助；在国有企业及市场化进程低的地区，扶持行业公司获得的政府补助更多。Chen等（2017）发现，产业政策扶持行业的 IPO 机会、股权再融资机会以及长期银行借款均显著超过非政策扶持行业。张莉等（2017）从土地资源配置的角度考察了产业政策的影响，发现产业政策扶持行业获得了更多的城市工业用地资源。

政府对产业政策扶持企业的资源配置倾斜会进一步作用于投资决策与企业价值。黎文靖和李耀淘（2014）发现，产业扶持政策帮助民营企业突破行业壁垒并获得更多银行信贷,投资水平有所增加。何熙琼等(2016)研究表明,相比非政策扶持企业,产业政策扶持的企业更容易获得银行贷款,投资效率有所提升。赵卿(2016)考察了产业政策对企业经营业绩的影响,发现产业政策扶持企业的经营业绩明显增长。王克敏等(2017)指出,产业政策给扶持行业带来的政府补助与银行信贷也可能引发过度投资,影响政策效果。类似地,张新民等(2017)发现,产业政策的出台降低了企业的投资效率。

值得注意的是,政府在资源配置时的倾斜并不必然意味着产业政策得以有效实施。企业受到逐利动机的驱动,在面临产业政策时并非完全被动等待,而更可能会通过种种方式来改变产业政策对其融资的影响。例如,祝继高等(2015)研究显示,不被产业政策扶持的企业更有动机建立银行关联,以增加短期银行借款可获得性,应对非扶持政策对长期债务融资的限制。陆正飞和韩非池(2013)发现,持有现金可以帮助企业把握产业政策带来的投资机会,提升企业的产品市场竞争力与资本市场价值。杨兴全等(2018)的研究表明,为获取政府补贴与税收优惠,非政策扶持企业倾向于通过多元化经营的方式涉足产业政策所扶持的行业。

即使资源的确按照政府意图更多配置到产业政策扶持的行业或企业中,也并不必然意味着产业政策能发挥预期效果。投资活动是公司价值创造的源泉,也是影响产业增长与发展的重要因素。如果产业政策的资源配置倾斜没有传递到合适的投资项目上,产业政策的效果也会受限。企业在利润最大化目标的激励下,倾向于将其资金投资于盈利性最高的项目,而项目盈利性与产业政策之间可能存在差异。汪秋明等(2014)以80家战略性新兴产业上市公司2002~2011年的面板数据为样本,研究发现企业对政府补贴的使用与政策预期有所不同。黎文靖和郑曼妮(2016)发现,受产业政策激励的公司为了获得补贴,仅仅进行了策略性的创新,产业政策并未激励企业进行实质性创新。可见,逐利动机可能使产业政策(政府干预)难以发挥预期效果。

综上，产业政策的效果会受到企业动机与行为的影响，产业政策的实施需要处理好政府与市场的关系，否则企业的应对行为会削弱政策效果。马壮等（2016）研究发现，良好的政府与市场关系可增强产业政策效果，提升资本配置效率。金宇超等（2017）则认为，政府与市场各具优势，根据产业政策进行资金配置的特征有所差异，具体而言，市场资金更看重企业的增长机会，而政府补助则会顾及当前成长性较弱而相对不受市场青睐的企业，对产业政策下的市场化资金配置起到了补充作用。

三、我国产业政策制定与实施有效性的启示

无论是在对比较优势选择的政府甄别能力提高上，还是在强调对市场功能的增强上，产业政策的二重属性均使得政策有效性在时间、空间、产业、政府实施四个维度上存在明显边界。为进一步明确产业政策的导向性与促进竞争功能，提高产业政策有效性应从政策设计条件与对象精准识别、政策执行效果与反馈实时性评估、政策工具复合性与系统性等方面着手进行。

（一）优化现代产业体系是提高产业政策有效性的现实要求

国际经验表明，无论是美国、德国、日本等发达国家，还是我国这样的发展中国家，抑或面临经济转型或赶超战略的国家或地区，均不同程度地实施了产业政策。自改革开放以来，我国通过产业政策对经济发展和产业结构进行了直接干预，尽管有效缩短了建设现代产业体系的时间，同时也导致我国市场机制发育不健全，产业发展路径依赖性较强。随着我国产业结构体系的日趋完善和经济发展转型要求的日益提高，选择性产业政策有效性的干预条件逐步衰

失，之前强调规模经济的增长模式不再能为中国经济社会可持续发展提供动力，特别是 2008 年全球性金融危机爆发以来，选择性产业政策普遍乏力，并引发了重复性产能过剩与通货膨胀问题。同时，信息网络技术、新能源、生物技术、高端装备制造技术发展迅猛，推动新型业态逐步涌现，促使产业发展不断融合跨界，改善政策制度性环境成为当今产业政策助力经济创新驱动模式、增强我国产业核心竞争力、构建有效供给体系的必然选择。

（二）产业政策的政策对象精准识别更有利于政策有效性的发挥

产业政策作为影响要素配置的宏观经济政策，在界定有效性时应当明确政策作用的具体目标。无论是科技创新服务体系，还是降低市场失灵的一般性制度框架构建，只有明确了干预性和制度性二重属性所对应的政策对象，才能为构建制度性的宏观经济政策体系奠定基础。

对于国家性战略和国防产业的发展，由于这类与国家独立和主权保障息息相关的产业属于国家机密范畴，如航天技术、核武器、核能源利用等，且需要大规模特殊专业人才与资金等要素的投入，因此相对于市场机制，国防性产业的发展更需要国家政府作用的有效介入。对于经济民生类产业特别是市场化程度较高的产业，如一般性制造业和服务业等，市场机制能够更加灵敏地捕捉供求信号，产业政策应更加注重制度性的建构作用。产业进入成熟阶段后，通过产业政策来构建竞争性奖励制度，有利于激发此类产业的发展动力和企业创新，避免过早进入衰退期。对于新兴技术产业，尽管产业政策对新兴产业作用的有效性尚待商榷，但产业政策却可以通过构建有益于技术创新、科技研发的制度环境来应对外部环境的不确定性。美国、日本、德国等技术强国逐步改变了技术补贴等传统产业政策，开始向构建以基础技术为培育对象的科技服务体系方向发展，在深化战略性和基础性研究资助的同时，注重引导企业提升创新能力。近年来，我国工业全要素生产率下降，国际市场竞争加剧，有效供给体系尚未形成，且同时面临中低端产能过剩与前沿核心技术不足的困境，单纯依靠纯粹市场机制可能导致我国错失有效供给形成的窗口期，因此，对于战略性新兴产业，我国产业政策应注重对基础研发能力的资金与制度扶持，并重点构建政府监督、高校研发、企业生产的技术创新与转化制度。

（三）产业政策有效性应加强构建政府、企业、社会之间的信息共享、沟通协调与监督机制

无论是产业政策的干预性还是制度性，政府在制定产业政策时均需要具备充分信息，企业作为市场中的微观客体，通常能够对市场信息及时做出反应，而市场也集合了不同产业主体之间的供需关系，通过构建政府、市场、企业之间的信息共享和沟通协调机制，能够增加产业政策在制度合理框架下的干预有效性。

产业政策是一项针对要素配置的系统工程，包含产业结构、产业组织以及相应的技术配套措施。创新驱动的经济转型更加强调产业政策的制度性，并涉及复杂的机制设计问题，如政策执行绩效评估体系、政策执行反馈机制、政策效果复评机制以及对企业财政资助政策的竞争性筛选机制和企业长期发展培育机制等。我国产业政策的作用对象比较宽泛，但政策工具却较为单一，通常为产业或企业的行业准入或禁入目录，抑或企业产值、纳税等方面的财政补贴和奖励，考虑到产业关联性、多重政策执行层级、市场信息滞后、实际政策周期滞后等现象的存在，产业政策要精准的政策初衷与实际效果可能并不完全统一，在四个不同维度下，产业政策有效性可能逐步消失甚至基本不存在。因此，为保障政策实施的有效性，需要明确各级政府政策执行与反馈以及定期政策评价机制，通过对比政策目标来对政策执行效果进行事后评价。此外，产业政策的制定与实施还应受监督机制制约，降低权力"寻租"机会，确保执行效果与政策目标始终保持一致。

（四）产业政策有效性要求政策工具处理好与财政政策、金融政策的关系

产业政策与财政政策、金融政策共同构成了现代宏观经济政策体系，产业政策影响要素配置，是财政政策、金融政策执行的基础，而财政政策和金融政策则在整体上影响着产业政策有效性的发挥。

产业政策和财政政策的政策工具存在交叉，如产业政策中的资金激励机制就包含了财政政策中的资金分配机制。产业结构升级受劳动力、土地、资本、技术等要素在不同产业间流动与再配置的影响，而财政政策可以改变不同要素的相对价值和收入水平，进而引导要素流动。对于战略性新兴产业和科技研发，也可通过专项补贴、税收优惠、发展基金等财政方式进行全面支持，如大飞机项目、航天工程等。对于企业等市场微观主体特别是中小微企业，可以通过财政政策支持或降低税负等方式来降低企业发展初期的成本，进而提高微观市场活力。需要注意的是，积极的财政机制固然有助于保持微观市场活力，但财政补贴对象失准与刺激性财政政策亦容易扭曲市场信号，削弱市场淘汰机制，刺激过剩产能与重复投资，因此政策对象的精准识别至关重要。

产业政策与金融政策是互相影响的，作为总量控制政策的金融政策更应注重塑造稳健的宏观经济环境，为产业政策有效性提供预期稳定的要素流通环境。中国经济发展"新常态"下产业结构的内生转型尚未完成，过于宽松的金融政策会导致严重的资产价格泡沫和通货膨胀，可能引发过多资金并不流向对资金有迫切需求的相关产业，而是刺激市场投机行为，不利于产业政策对产业结构的调整作用，加大宏观经济的金融风险。此外，金融政策可以发挥产业政策中市场机制对资本要素流动的引导作用。例如，降低融资杠杆，为企业发展减负；完善企业资本重组政策，优化要素配置结构；抵御国际金融风险，促进产业跨国发展等。

总体来看，产业政策应与财政政策、金融政策合理协调，构成有效的宏观

经济政策体系，使之不仅能够有力推动战略性新兴产业与一般性产业的协调发展，而且能够同时发挥干预性与制度性的双重构建作用，充分发挥市场机制对要素配置的决定性作用，进而提高政策的有效性。

参考文献

［1］林毅夫．比较优势与中国经济发展［J］．经济前沿，2005（11）：8-11.

［2］林毅夫，蔡昉，李周．对赶超战略的反思［J］．战略与管理，1994（6）：1-12.

［3］林毅夫．经济发展与中国文化［J］．战略与管理，2003（1）：45-51.

［4］林毅夫．中国当前经济形势与未来发展展望［J］．外交评论（外交学院学报），2007（3）：6-13.

［5］周振华．产业政策体系分析［J］．江淮论坛，1991（2）：46-52.

［6］周其仁．中国农村改革：国家和所有权关系的变化（下）——一个经济制度变迁史的回顾［J］．管理世界，1995（4）：147-155.

［7］樊纲．论生产资料价格改革［J］．价格理论与实践，1991（5）：17-21.

［8］曹正汉，罗必良．市场竞争、政府对所有权的有限行为能力与国有企业职位产权制度的形成——兼与林毅夫等商榷［J］．经济科学，2000（3）：23-31.

［9］车嘉丽，薛瑞．产业政策激励影响了企业融资约束吗？［J］．南方经

济，2017（6）：92-114.

　　［10］陈璐，张彩江，贺建风. 政府补助在企业创新过程中能发挥信号传递作用吗？［J］. 证券市场导报，2019（8）：41-49.

　　［11］张新民，张婷婷，陈德球. 产业政策、融资约束与企业投资效率［J］. 会计研究，2017（4）：12-18+95.

　　［12］祝继高，韩非池，陆正飞. 产业政策、银行关联与企业债务融资——基于 A 股上市公司的实证研究［J］. 金融研究，2015（3）：176-191.

　　［13］陈冬华，范从来，沈永建，周亚虹. 职工激励、工资刚性与企业绩效——基于国有非上市公司的经验证据［J］. 经济研究，2010，45（7）：116-129.

　　［14］何熙琼，尹长萍，毛洪涛. 产业政策对企业投资效率的影响及其作用机制研究——基于银行信贷的中介作用与市场竞争的调节作用［J］. 南开管理评论，2016，19（5）：161-170.

　　［15］潘亮. 产业政策、信息披露与分析师行为——来自深圳 A 股市场的经验证据［J］. 经济问题，2015（6）：118-124.

　　［16］晏艳阳，周志. 引入信息成本的信息结构与股权融资成本［J］. 中国管理科学，2014，22（9）：10-17.

　　［17］吴文锋，朱云，吴冲锋，芮萌. B 股向境内居民开放对市场信息不对称的影响——买卖价差分解方法［J］. 管理科学学报，2007（6）：57-64.

　　［18］连军. 政治联系、市场化进程与权益资本成本——来自中国民营上市公司的经验证据［J］. 经济与管理研究，2012（2）：32-39.

　　［19］袁放建，冯琪，韩丹. 内部控制鉴证、终极控制人性质与权益资本成本——基于沪市 A 股的经验证据［J］. 审计与经济研究，2013，28（4）：34-42.

　　［20］Easton P. PE Ratios, PEG Ratios and Estimating the Implied Expected

Rate of Return on Equity Capital［J］. Accounting Reviews, 2004（79）: 73-96.

［21］杨兴全, 尹兴强, 孟庆玺. 谁更趋多元化经营: 产业政策扶持企业抑或非扶持企业?［J］. 经济研究, 2018, 53（9）: 133-150.

［22］巫岑, 黎文飞, 唐清泉. 产业政策与企业资本结构调整速度［J］. 金融研究, 2019（4）: 92-110.

［23］孟庆玺, 尹兴强, 白俊. 产业政策扶持激励了企业创新吗?——基于"五年规划"变更的自然实验［J］. 南方经济, 2016（12）: 1-25.

［24］陈胜蓝, 马慧. 卖空压力与公司并购——来自卖空管制放松的准自然实验证据［J］. 管理世界, 2017（7）: 142-156.

［25］Serfling M. Firing Costs and Capital Structure Decidions［J］. The Journal of Finance, 2016（71）: 2239-2286.

［26］Fan J P H, Huang J, Morckr, et al. Institutionl Determinants of Vertical Integration in China［J］. Journal of Corporate Finance, 2017, 44（2）: 377-396.

［27］Sun, Liu. New Trends in Chinese Innovation Policies Since 2009—A System Framework of Policy Analysis［J］. International Journal of Technology Management, 2014, 65（1/2/3/4）: 6-23.

［28］Almeida H, Campello M, Weisbach M S. The Cash Flow Sen-sitivity of Cash［J］. The Journal of Finance, 2004, 59（4）: 28.

［29］叶康涛, 祝继高. 银根紧缩与信贷资源配置［J］. 管理世界, 2009（1）: 22-28+188.

［30］杨兴全, 齐云飞, 吴昊旻. 行业成长性影响公司现金持有吗?［J］. 管理世界, 2016（1）: 153-169.

［31］钱雪松, 代禹斌, 陈琳琳, 方胜. 担保物权制度改革、融资约束与企业现金持有——基于中国《物权法》自然实验的经验证据［J］. 会计研究, 2019（1）: 72-78.

［32］姜付秀，石贝贝，马云飙．信息发布者的财务经历与企业融资约束［J］．经济研究，2016，51（6）：83-97.

［33］卢盛峰，陈思霞．政府偏袒缓解了企业融资约束吗？——来自中国的准自然实验［J］．管理世界，2017（5）：51-65+187-188.

［34］辛清泉，孔东民，郝颖．公司透明度与股价波动性［J］．金融研究，2014（10）：193-206.

［35］杨兴全，尹兴强．国企混改如何影响公司现金持有？［J］．管理世界，2018，34（11）：93-107.

［36］杨兴全，王丽丽．产业政策对公司现金股利的影响：政策扶持抑或投资驱动［J］．山西财经大学学报，2020，42（3）：62-75.

［37］Fresard L. Financial Strength and Product Market Behavior：The Real Effects of Corporate Cash Holdings［J］．Journal of Finance，2010（65）：2-41.

［38］Dittmar A，Smith J M，Servaes H. International Corporate Cash Holding［J］．Journal of Financial and Quantitative Analysis，2003（38）．

［39］程建伟，周伟贤．上市公司现金持有：权衡理论还是啄食理论［J］．中国工业经济，2007（4）：104-110.

［40］Harford J，Mansi S，Maxwell W. Corporate Governance and Firm Cash Holdings in the US［J］．Journal of Financial Economics，2008（87）．

［41］祝继高，陆正飞．货币政策、企业成长与现金持有水平变化［J］．管理世界，2009（3）：152-158+188.

［42］陈德球，李思飞，王丛．政府质量、终极产权与公司现金持有［J］．管理世界，2011（11）：127-141.

［43］舒锐．产业政策一定有效吗？——基于工业数据的实证分析［J］．产业经济研究，2013（3）：45-54+63.

［44］饶品贵，石孟卿，姜国华，陈冬华．宏观经济政策与微观企业行为

互动关系研究——首届"宏观经济政策与微观企业行为"学术研讨会综述 [J]. 经济研究, 2013, 48 (2): 150-154.

[45] 张纯, 潘亮. 转型经济中产业政策的有效性研究——基于我国各级政府利益博弈视角 [J]. 财经研究, 2012, 38 (12): 85-94.

[46] 谭劲松, 冯飞鹏, 徐伟航. 产业政策与企业研发投资 [J]. 会计研究, 2017 (10): 58-64+97.

[47] Mikkelson W H, Partch M M. Do Persistent Large Cash Reserves Hinder Performance? [J]. Journal of Financial and Quantitative Analysis, 2003, 38 (2): 275-294.

[48] Denis D J, Sibilkov V. Financial Constraints, Investment, and the Value of Cash Holdings [J]. The Revies of Financial Studies, 2010, 23 (1): 247-269.

[49] Jensen M C. Agency Costs of Free Cash Flow, Corporate Finance, and Takeovers [J]. The American Economics Review, 1986, 76 (2): 323-329.

[50] Blanchard Q J, Lopez-de-Silanes F, Shleifer A. What du Firms do with Cash Windfalls? [J]. Journal of Financial Economics, 1994, 36 (3): 337-360.

[51] Harford J. Corporate Cash Reserves and Acquisitions [J]. Journal of Finance, 1999, 54 (6): 1969-1997

[52] Dittmar A, Mahrt-Smith J. Corporate Governance and the Value of Cash Holdings [J]. Journal of Financial Economics, 2007, 83 (3): 599-634.

[53] Harford J, Mansi S A, Maxwell W F. Corporate Governance and Firm Cash Holdings in the USA [J]. Journal of Financial Economics, 2008, 87 (3): 535-555.

[54] 刘博研, 韩立岩. 中美上市公司流动性管理的比较研究——基于现金持有策略行业特征的发现 [J]. 经济经纬, 2011 (5): 145-150.

［55］辛清泉，林斌，王彦超．政府控制、经理薪酬与资本投资［J］．经济研究，2007（8）：110-122.

［56］程仲鸣，夏新平，余明桂．政府干预、金字塔结构与地方国有上市公司投资［J］．管理世界，2008（9）：37-47.

［57］陈冬华，李真，新夫．产业政策与公司融资——来自中国的经验证据［D］．南京大学，2010.

［58］Chen D，Li O Z，Xin F. Five-Year Plans，China Finance and Their Consequences［J］. Ssrn Electronic Journal，2013（1）.

［59］Dittmar A，Mahrt-Smith J，Servaes H. International Corporate Governance and Corporate Cash Holdings［J］. Journal of Financial & Quantitative Analysis，2003，38（1）：111-133.

［60］Jensen M C，W H Meckling. Theory of the Firm：Managerial Behavior，Agency Costs and Ownership Structure［J］. Journal of Financial Economics，1976，3（4）：305-360.

［61］陆正飞，韩非池．宏观经济政策如何影响公司现金持有的经济效应？——基于产品市场和资本市场两重角度的研究［J］．管理世界，2013（6）：43-60.

［62］杨兴全，杨征，陈飞．业绩考核制度如何影响央企现金持有？——基于《考核办法》第三次修订的准自然实验［J］．经济管理，2020，42（5）：140-157.

［63］余明桂，范蕊，钟慧洁．中国产业政策与企业技术创新［J］．中国工业经济，2016（12）：5-22.

［64］Heckman. SampleSelection Bias as a Specification Error［J］. Econometrica，1979（47）：153-161.

［65］杨兴全，张丽平，吴昊旻．市场化进程、管理层权力与公司现金持

有［J］．南开管理评论，2014，17（2）：34-45.

［66］Myers S C，Rajan R G. The Paradox of Liquidity［J］. The Quarterly Journal of Economics，1998，113（3）：733-771.

［67］卢锐，魏明海，黎文靖．管理层权力、在职消费与产权效率——来自中国上市公司的证据［J］．南开管理评论，2008（5）：85-92+112.

［68］杨兴全，张玲玲．管理层权力与公司现金持有竞争效应［J］．经济与管理研究，2017，38（12）：117-129.

［69］平田光弘，李维安．日本公司治理：变革与启示［J］．南开管理评论，1998，1（6）：4-13.

［70］干胜道，胡明霞．管理层权力、内部控制与过度投资——基于国有上市公司的证据［J］．审计与经济研究，2014，29（5）：40-47.

［71］李维安，郝臣，崔光耀，郑敏娜，孟乾坤．公司治理研究40年：脉络与展望［J］．外国经济与管理，2019，41（12）：161-185.

［72］方红星，金玉娜．公司治理、内部控制与非效率投资：理论分析与经验证据［J］．会计研究，2013（7）：63-69+97.

［73］Richardson S. Over-invest of Free Cash Flow［J］. Review of Accounting Studies，2006（11）.

［74］王化成，高鹏，张修平．企业战略影响超额在职消费吗？［J］．会计研究，2019（3）：40-46.

［75］权小锋，吴世农，文芳．管理层权力、私有收益与薪酬操纵［J］．经济研究，2010，45（11）：73-87.

［76］林毅夫．新结构经济学——反思经济发展和政策的理论框架［M］．北京：北京大学出版社，2012：38-56.

［77］江小涓．论我国产业结构政策的实效和调整机制的转变［J］．经济研究，1991（2）：9-15+68.

［78］黎文靖，郑曼妮．实质性创新还是策略性创新？——宏观产业政策对微观企业创新的影响［J］．经济研究，2016（4）：60-73.

［79］许强，王利琴，茅旭栋．CEO—董事会关系如何影响企业研发投入？［J］．外国经济与管理，2019，41（4）：126-138.

［80］张杰，周晓艳，李勇．要素市场扭曲抑制了中国企业 R&D？［J］．经济研究，2011，46（8）：78-91.

［81］宋凌云，王贤彬．重点产业政策、资源重置与产业生产率［J］．管理世界，2013（12）：63-77.

［82］李维安，齐鲁骏，丁振松．兼听则明，偏信则暗——基金网络对公司投资效率的信息效应［J］．经济管理，2017，39（10）：44-61.

［83］郭白滢，李瑾．机构投资者信息共享与股价崩盘风险——基于社会关系网络的分析［J］．经济管理，2019，41（7）：171-189.

［84］张纯，吕伟．信息披露、市场关注与融资约束［J］．会计研究，2007（11）：32-38+95.

［85］刘柏，徐小欢．信息透明度影响企业研发创新吗？［J］．外国经济与管理，2020，42（2）：30-42.

［86］曹春方，张超．产权权利束分割与国企创新——基于中央企业分红权激励改革的证据［J］．管理世界，2020，36（9）：155-168.

［87］赵静，黄敬昌，刘峰．高铁开通与股价崩盘风险［J］．管理世界，2018，34（1）：157-168+192.

［88］鞠晓生．中国上市企业创新投资的融资来源与平滑机制［J］．世界经济，2013，36（4）：138-159.

［89］王彦超．金融抑制与商业信用二次配置功能［J］．经济研究，2014，49（6）：86-99.

［90］黄俊，陈信元．集团化经营与企业研发投资——基于知识溢出与内

部资本市场视角的分析［J］．经济研究，2011，46（6）：80-92．

［91］周云波，田柳，陈岑．经济发展中的技术创新、技术溢出与行业收入差距演变——对 U 型假说的理论解释与实证检验［J］．管理世界，2017（11）：35-49．

［92］白俊红，王钺，蒋伏心，李婧．研发要素流动、空间知识溢出与经济增长［J］．经济研究，2017，52（7）：109-123．

［93］程惠芳，陆嘉俊．知识资本对工业企业全要素生产率影响的实证分析［J］．经济研究，2014，49（5）：174-187．

［94］鲁晓东，连玉君．中国工业企业全要素生产率估计：1999—2007［J］．经济学（季刊），2012，11（2）：541-558．

［95］Kollmann R，Roeger W，Veld J．Fiscal Policy in a Financial Crisis：Standard Policy versus Bank Rescue Measures［J］．The American Economic Review，2012（102）：77-81．

［96］Musacchio A，Lazzarini S G，Aguilera R V．New Varieties of State Capitalism：Strategic and Governance Implicationss［J］．The Academy of Management Perspectives，2015（29）：115-131．

［97］Wallsten S J．The Effects of Government-Industry R&D Programs on Private R&D：The Case of the Small Business Innovation Research Program［J］．The RAND Journal of Economics，2000（1）：82-100．

［98］吴意云，朱希伟．中国为何过早进入再分散：产业政策与经济地理［J］．世界经济，2015（2）：140-166．

［99］韩永辉，黄亮雄，王贤彬．产业政策推动了地方产业结构转型升级了吗？——基于发展型地方政府的理论解释与实证检验［J］．经济研究，2017（8）：33-48．

［100］张莉，朱光顺，李夏洋，王贤彬．重点产业政策与地方政府的资

源配置 [J]．中国工业经济，2017（8）：63-80．

[101] Beaudry C. Entry，Growth and Patenting in Industrial Clusters：A Study of the Aerospace Industry in the UK [J]．International Journal of the Economics of Business，2001，8（3）：405-436．

[102] 黎文靖，李耀淘．产业政策激励了公司投资吗 [J]．中国工业经济，2014（5）：122-134．

[103] 谭周令，朱卫平．产业政策实施与企业投资行为研究——来自 A 股上市企业的证据 [J]．软科学，2018（7）：35-38．

[104] Motohashi K，Yun X. China's Innovation System Reform and Growing Industry and Science Linkages [J]．Research Policy，2007，36（8）：1251-1260．

[105] 李思飞，王珊珊，邓鸽．现金流不确定性与现金股利政策——来自中国上市公司的经验证据 [J]．中国经济问题，2014（1）：96-105．

[106] 王译晗，杨汉明，汪振坤．企业研发投入影响现金股利支付吗？——声誉理论抑或财务弹性理论 [J]．中南财经政法大学学报，2018（3）：3-13．

[107] Chay J B，Suh J. Payout Policy and Cash Flow Uncertainty [J]．Journal of Financial Economics，2009，93（1）：88-107

[108] 全怡，梁上坤，付宇翔．货币政策、融资约束与现金股利 [J]．金融研究，2016（11）：63-79．

[109] 张婷婷，张新民，陈德球．产业政策、人才密度与企业创新效率——基于地区产业政策的视角 [J]．中山大学学报（社会科学版），2019（4）：173-183．

[110] 王克敏，刘静，李晓溪．产业政策、政府支持与公司投资效率研究 [J]．管理世界，2017（3）：113-124．

[111] 吴超鹏，张媛．风险投资对上市公司股利政策影响的实证研究

［J］．金融研究，2017（9）：178–191．

［112］贾凡胜，吴昱，廉柯赟．股利税差别化、现金分红与代理问题——基于财税〔2012〕85 号文件的研究［J］．南开管理评论，2016，19（1）：142–154．

［113］梁相，马忠．子公司地域多元化、集团管控紧密程度与上市公司现金股利分配［J］．山西财经大学学报，2017，39（2）：114–124．

［114］温忠麟，张雷，侯杰泰，刘红云．中介效应检验程序及其应用［J］．心理学报，2004（5）：614–620．

［115］Chen S，Sun Z，Tang S，Wu D. Government Intervention and Investment Efficiency：Evidence from China［J］．Journal of Corporate Finance，2011（17）：62–68．

［116］江飞涛，李晓萍．直接干预市场与限制竞争：中国产业政策的取向与根本缺陷［J］．中国工业经济，2010（9）：26–36．

［117］Stein J C. Agency，Information and Corporate Investment［M］// G. M. Constantinides，M. Harris，and R. M. Stulz. Handbook of the Economics of Finance. Elsevier Science Ltd.，2003．

［118］夏立军，陈信元．市场化进程、国企改革策略与公司治理结构的内生决定［J］．经济研究，2007（7）：82–95．

［119］吴昊旻，谭伟荣，杨兴全．产品市场竞争、成长性与股票特质性波动——基于中国上市公司的经验证据［J］．中南财经政法大学学报，2015（4）：127–137．

［120］Aggarwal V，Evenett S. Industrial Policy Choice during the Crisis Era［J］．Oxford Review of Economic Policy，2012，28（2）：261–283．

［121］Johnson，C. MITI and the Japanese Miracle：Growth of Industrial Policy：1925–1975［M］．Stanford University Press，1982．

［122］Amsden A. Asia's Next Giant: South Korea and Late Industrialization ［M］. Oxford University Press, 1989.

［123］Wade R H. Industrial Policy in East Asia: Does It Lead or Follow the Market ［M］// Gereffi, G., Wyman, D. Manufacturing Miracles. Princeton University Press, 1990: 231-266.

［124］徐朝阳，林毅夫. 发展战略与经济增长 ［J］. 中国社会科学，2010（3）: 94-108.

［125］夏大慰. 产业组织与公共政策: 新奥地利学派 ［J］. 外国经济与管理，1999（10）: 26-29.

［126］Becker G. The Best Industrial Policy is None at All ［N］. Business Week, 1985-08-26.

［127］Hayek F A. The Use of Knowledge in Society ［J］. The American Economic Review, 1945, 35（4）: 519-530.

［128］Shleifer A, Vishny R W. Corruption ［J］. The Quarterly Journal of Economics, 1993, 108（3）: 599-617.

［129］Rodrik D. Normalizing Industrial Policy ［R］. Working Paper, 2008.

［130］Cimoli M, Dosi G, Stiglitz J E. Industrial Policy and Development: The Political Economy of Capabilities Accumulation ［J］. Journalof Economic Literature, 2012, 50（1）: 1132-1135.

［131］林毅夫. 潮涌现象与发展中国家宏观经济理论的重新构建 ［J］. 经济研究，2007（1）: 126-131.

［132］Rodrik D. Industrial Policy: Don't Ask Why, Ask How ［J］. Middle East Development Journal, 2009, 1（1）: 1-29.

［133］Lin B J, Chang H J. Should Industrial Policy in Developing Countries Conform to Comparative Advantage or Defy It? A Debate between Justin Lin and Ha-

Joon Chang［J］．Development Policy Review，2009，27（5）：483-502.

［134］张其仔，李颢．产业政策是应遵循还是违背比较优势？［J］．经济管理，2013（10）：27-37.

［135］饶品贵，姜国华．货币政策对银行信贷与商业信用互动关系影响研究［J］．经济研究，2013（1）：68-82.

［136］韩东平，张鹏．货币政策、融资约束与投资效率——来自中国民营上市公司的经验证据［J］．南开管理评论，2015，18（4）：121-129.

［137］靳庆鲁，孔祥，侯青川．货币政策、民营企业投资效率与公司期权价值［J］．经济研究，2012（5）：96-106.

［138］连立帅，陈超，白俊．产业政策与信贷资源配置［J］．经济管理，2015（12）：1-11.

［139］叶建光，李艳红．所有权、产业政策指导与银行贷款利率［J］．财经理论与实践，2014，35（2）：21-26.

［140］钱爱民，张晨宇，步丹璐．宏观经济冲击、产业政策与地方政府补助［J］．产业经济研究，2015（5）：73-82.

［141］Chen D，Li O Z，Xin F．Five-year Plans，China Finance and Their Consequences［J］．Journal of China Accounting Research，2017（3）：189-226.

［142］张莉，朱光顺，李夏洋，王贤彬．重点产业政策与地方政府的资源配置［J］．中国工业经济，2017（8）：63-80.

［143］赵卿．国家产业政策、产权性质与公司业绩［J］．南方经济，2016，34（3）：68-85.

［144］汪秋明，韩庆潇，杨晨．战略性新兴产业中的政府补贴与企业行为——基于政府规制下的动态博弈分析视角［J］．财经研究，2014（7）：43-53.

［145］马壮，李延喜，曾伟强，王云．产业政策提升资本配置效率还是

破坏市场公平？［J］. 科研管理，2016，37（10）：79-92.

［146］金宇超，靳庆鲁，宣扬. "不作为"或"急于表现"：企业投资中的政治动机［J］. 经济研究，2016（10）：126-139.

［147］Bain J S. Industrial Organization［M］. New York：Harvard University Press，1959.

［148］Lucchese M，Nascia L，Pianta M. Industrial Policy and Technology in Italy［J］. Economia E Politica Industriale，2016，43（3）：1-28.

［149］邱兆林. 中国钢铁产业政策变迁及实施效果研究［J］. 湖北经济学院学报，2015，13（3）：9.

［150］黄海杰，吕长江，Edward Lee. "四万亿投资"政策对企业投资效率的影响［J］. 会计研究，2016（2）：51-57+96.

［151］费·李斯特. 政治经济学的国民体系［M］. 北京：商务印书馆，1997.

［152］约瑟夫·斯蒂格利茨，Joseph E. Stiglitz. 宏观经济学［M］. 中国金融出版社，2009.

［153］Amiti M，Konings J. Trade Liberalization，Intermediate Inputs，and Productivity；Evidence from Indonesia［R］. International Monetary Fund International Monetary Fund，2005.

［154］Nataraj S. Security Concerns In E-Prescribing［J］. Review of Business Information Systems（RBIS），2011.

［155］Topalova P，Khandelwal A. Trade Liberalization and Firm Productivity：The Case of India［J］. Review of Economics and Statistics，2014，93（3）：995-1009.

［156］黎文靖，郑曼妮. 实质性创新还是策略性创新？——宏观产业政策对微观企业创新的影响［J］. 经济研究，2016，51（4）：60-73.

致　谢

感谢参与本书讨论与建议的相关学者：杨兴全教授（石河子大学）、张立柱教授（泰山学院）、张文彬教授（泰山学院）、田静教授（泰山学院）、闫钰炜副教授（泰山学院）、顾立汉副教授（泰山学院）、毕鹏副教授（佳木斯大学）、杨征博士（石河子大学）、黄兰兰博士（石河子大学）、杜妍博士（石河子大学）等。平日的互动交流、相互启迪引发了我的深度思考，各位学者及好友的独到见解为本书提供了学术素材。

本书在写作过程中借鉴了一些相关文献，对被引用者表示衷心的感谢。感谢泰山学院以及经济管理出版社编辑在书稿出版过程中给予的大力支持。

本书得到了国家自然基金项目"'中国之治'的政府行为与企业创新：基于'国家队'持股的研究"（72062027）、国家自然科学基金项目"多元化经营与公司现金股利政策：基于转轨经济背景的研究"（71762024）、新疆维吾尔自治区研究生教育创新计划项目"机构投资者网络关系与企业创新研究"（XJ2020G077）等的资助，在此表示感谢。

泰山学院　经济管理学院　王丽丽

2021 年 1 月于泰山学院